基本のお弁当

毎日作りたくなる、やさしいレシピ

長谷川りえ

成美堂出版

はじめに

きっかけは、夫のお弁当を作るようになったこと。
数年後には子どものお弁当作りがスタートし、
気づけば子どもも大きく成長しました。
そして現在も、お弁当作りは続いています。

毎日、朝一番から頑張って、
色々な種類のおかずを作るのは難しく、
試行錯誤を繰り返した結果
「ラクなのにおいしいお弁当」にたどり着きました。
品数は最低限に、調理の手間は最小限にして
面倒な日や時間があまりない日でも
お弁当作りを無理なく続けられるやり方を見つけました。

レパートリーはそれほど必要ではありません。
同じ味つけで食材を変えたり、
副菜との組み合わせを変えたり。
「こうすれば手間が省ける」
「この方法ならもっとおいしくなる」など、
いまだに発見があります。

この本では短時間で作れるテクニックや
冷めてもおいしい味つけのポイント、
詰め方のヒントなど
様々なお弁当作りの技をご紹介しています。

この本がこれからお弁当作りを始める方や、
お弁当作りがなかなか続けられない方の助けに
少しでもなれたら幸いです。

長谷川りえ

ラクして続ける秘訣！
お弁当作り4つのルール

おかずをたくさん作ったり、手間をかけなくても大丈夫。
ルールを守るだけで、毎日のおいしいお弁当作りが叶います。

RULE 01 前日にメニューを決めて食材を準備しておく！

前日の夜、夕食の準備や片づけのタイミングで冷蔵庫をチェックして、翌日のお弁当のメニューをある程度決めておくのがおすすめ。朝起きたばかりのまだ頭が働いていない状態で食材を探して、なにを作るか考えるとなると時間がかかり、調理に割く時間が少なくなってしまいます。

使う食材をある程度決めたら、バットにひとまとめにしておきましょう。朝起きたらバットごと出すだけで調理にとりかかれるので、朝のお弁当作りがスムーズに。

RULE 02 おかずの調理には電子レンジと小さいフライパンを使う!

電子レンジはお弁当作りの強い味方。しっかり中まで加熱ができるうえに短時間で素材から旨みを引き出してくれるので、少ない調味料でもおいしく仕上げられます。肉巻きなどの形を崩さずに加熱ができるのも便利です。

お弁当の調理では材料の分量が少ないため、炒め物や焼き物に使用するフライパンは小さめのものを使うのがおすすめ。軽くて取り回しがよく、加熱時間の短縮にもなるので使い勝手がいいです。

RULE 03 前日の夕食のおかずや作りおきを活用!

当日にイチからおかずを作るのはなかなか難しいもの。夕食のおかずを少しだけお弁当用に取っておいたり、週末に作りおきして保存しておいたり、事前に色々と準備しておくことで、お弁当を作る当日の負担を軽減してくれます。

RULE 04 おかずの味つけはメリハリを意識する!

お弁当のおかずの組み合わせは悩ましいものですが、主菜はごはんが進むしっかり味、副菜はシンプルな調味料でサッと味つけする程度のさっぱり味で作るようにすると、自然と味にメリハリが利き、食べ飽きないお弁当になります。

CONTENTS

- はじめに … 3
- お弁当作り4つのルール … 4

お弁当作りを始める前に！
知っておきたい料理の基本

- 基本の調理道具 … 12
- 基本の食材 … 14
- 基本の調味料 … 15
- 調理道具の正しい使い方 … 16
- 上手な揚げ物のコツ … 18
- お弁当用ごはんのルール … 19

- この本の見方 … 20

第1章 まずは基本から
お弁当作りで知っておきたいこと

自分に合ったものを見つけよう！
- お弁当箱の種類 … 22

これでもう悩まない！
- お弁当のメニュー決め … 24

コツをつかめば時短に！
- 段取りと調理のポイント … 28

傷みにくいお弁当にするには？
- 衛生面の注意点 … 30

ポイントを押さえて美しく！
お弁当の盛りつけ方 ... 34

食べる量で異なる！
お弁当箱のサイズの見極め方
その1・標準サイズのお弁当箱 ... 36
その2・大きいサイズのお弁当箱 ... 38
その3・小さめサイズのお弁当箱 ... 40

曲げわっぱのお弁当箱を使ってみよう ... 42

COLUMN 1 お弁当の歴史 ... 44

第2章 くり返し作りたい
彩りで考える3品弁当

しょうゆ鶏弁当 ... 46
鶏の照り焼き弁当 ... 48
鶏肉となすのカレー炒め弁当 ... 50
鶏むね肉のポン酢しょうゆ漬け弁当 ... 52
しょうが焼き弁当 ... 54
肉巻き弁当 ... 56
ポークケチャップ弁当 ... 58
豚肉の味噌漬け弁当 ... 60
豚しゃぶ肉のポン酢炒め弁当 ... 62
牛煮弁当 ... 64
焼き肉弁当 ... 66
焼き鮭弁当 ... 68
カジキソテー弁当 ... 70
ブリの照り焼き弁当 ... 72
エビマヨ弁当 ... 74
ハムピカタ弁当 ... 76
卵焼き弁当 ... 78
　Arrange 桜エビ卵焼き／のり卵焼き／枝豆卵焼き ... 81

お弁当を華やかに！
ササッと手軽な副菜レシピ

緑のおかず

チンゲン菜のナムル／厚揚げとチンゲン菜のソテー ……… 82

塩もみきゅうりのごま和え／
ほうれん草と桜エビのごま油和え／オクラ昆布佃煮和え …… 83

塩もみきゅうりとちくわ和え／ブロッコリーの塩昆布和え／
ピーマンナムル ……………………………………………… 84

キャベツナムル／いんげんの黒ごま和え／
いんげんとベーコンのソテー ……………………………… 85

小松菜の卵炒め／ゆで小松菜／ゆでブロッコリー／
ゆでほうれん草 ……………………………………………… 86

赤のおかず

エリンギとチンゲン菜とウインナーのソテー／
にんじんのきんぴら ………………………………………… 87

ピーマンとパプリカのごま油炒め／にんじんラペ／
セロリとにんじんの塩もみ ………………………………… 88

オクラの梅おかか和え／さつま揚げとパプリカのソテー／
パプリカと突きこんにゃくの甘辛炒め …………………… 89

にんじん甘煮／パプリカとエリンギの乱切り
オイスターソース炒め／パプリカのごま和え …………… 90

お花形ウインナー／アスパラベーコン …………………… 91

黄のおかず

コーンとほうれん草のソテー／さつまいもの甘煮／
ウインナー入りかぼちゃサラダ …………………………… 92

ゆで卵／あらほぐしゆで卵マヨネーズ和え／
スクランブルエッグ ………………………………………… 93

白のおかず

れんこんソテー／れんこんの白すりごまマヨ和え ……… 94

アスパラマヨカレー風味／ピーマンとツナのサラダ／
かに風味かまぼことしめじのポン酢和え ……… 95

マカロニサラダ／レンジ蒸しなすのみょうが和え ……… 96

茶・黒のおかず

まいたけソテー／しめじのソテー／
ひじきとさつま揚げの煮物 ……… 97

COLUMN 2 世界のお弁当事情 ……… 98

第3章 ボリューム満点！
のっけ弁当と丼弁当

のり弁当 ……… 100

肉そぼろ弁当 ……… 102

豚丼弁当 ……… 104

親子丼弁当 ……… 106

焼き鳥弁当 ……… 108

オムレツ弁当 ……… 110

豚肉の砂糖じょうゆ炒め弁当 ……… 112

豚肉と野菜の味噌炒め弁当 ……… 114

COLUMN 3 お弁当の豆知識 ……… 116

第4章 当日ラクできる！
作りおきで作るお弁当

週末頑張って時短！
作りおきの基礎知識 …… 118

鶏肉とごぼう炒め …… 122
　鶏肉とごぼう炒め弁当 …… 125

からあげ …… 126
　からあげ弁当 …… 129

梅しそささみフライ …… 130
　梅しそささみフライ弁当 …… 133

肉じゃが …… 134
　肉じゃが弁当 …… 137

黒酢豚＆味つき卵 …… 138
　黒酢豚＆味つき卵弁当 …… 139

豚肉のプルコギ風 …… 140
　豚肉のプルコギ風弁当 …… 141

ハンバーグ …… 142
　ハンバーグ弁当 …… 145

鶏つくね …… 146
　鶏つくね弁当 …… 149

鮭のしょうゆ漬け …… 150
　鮭のしょうゆ漬け弁当 …… 151

鶏肉と根菜の煮物 …… 152
　鶏肉と根菜の煮物弁当 …… 153

これさえあれば大満足！ おにぎり＆スープ

基本のおにぎりの作り方 …… 154

手軽なアレンジで無限大！
おにぎりバリエーション
　梅おかかおにぎり／小ねぎおかかおにぎり …… 156
　青のりしらすおにぎり／鮭おにぎり …… 157

さつまいもチーズおにぎり／しょうゆ鶏おにぎり ……… 158
　　肉そぼろおにぎり／枝豆コーンおにぎり ……… 159
　　アスパラベーコンおにぎり／からあげおにぎり ……… 160
おにぎりのQ&A ……… 161
スープジャーの豆知識 ……… 162

ほっこり温まる！
スープバリエーション
　　卵としいたけの中華スープ ……… 164
　　ちくわといんげんのカレースープ ……… 165
　　ベーコンとブロッコリーのトマトスープ ……… 165

心が落ち着く味わい！
味噌汁をスープジャーで持っていこう ……… 166
　　基本の味噌汁の作り方 ……… 166

具材を変えるだけで飽きがこない！
味噌汁バリエーション
　　しめじと小松菜の味噌汁 ……… 167
　　大根と油揚げの味噌汁 ……… 167
　　オクラとえのきの味噌汁 ……… 167

たまには気分を変えて！ サンドイッチ

基本のサンドイッチの作り方 ……… 168

特別なおかずは必要なし！
サンドイッチバリエーション
　　卵サンドイッチ／しょうゆ鶏サンドイッチ ……… 170
　　ハムにんじんラペサンドイッチ／
　　ツナアスパラサンドイッチ ……… 171
　　かぼちゃサラダサンドイッチ／
　　ハンバーグサンドイッチ ……… 172
　　ハムピカタサンドイッチ／オムレツサンドイッチ ……… 173
　　エビマヨサンドイッチ／焼き肉サンドイッチ ……… 174

サンドイッチのQ&A ……… 175

お弁当を作り始める前に！
知っておきたい料理の基本

まずは料理の基本と基礎を知っておきましょう。

基本の調理道具

料理をする際に必要な道具を一覧にしました。素材や大きさは道具によって様々ですが、長く使えて毎日のお弁当作りで活用しやすいものを選びましょう。

［ 切る ］

包丁

肉や魚、野菜などを切る際に使用する。さびにくいステンレス製がおすすめ。

まな板

プラスチック製なら匂いやカビがつきにくく、漂白もできるのでお手入れがしやすい。

キッチンばさみ

包丁とまな板を出さずに、手軽に食材を切ることができ、洗い物の削減になる。

ピーラー

野菜の皮むきや、薄切り、筋取り、面取りなどに使える。刃の横の突起部分でじゃがいもの芽を取れる。

おろし金

にんにくやしょうがなどの薬味食材をすりおろす際に使う。使った後はすぐにすすぐとカスが残りにくい。

［ 加熱 ］

フライパン

食材を焼いたり炒める際に使う。お弁当作りには軽くて扱いやすい、18cmの小サイズが便利。

鍋

汁物や煮物、揚げ物を作る際に使用。18cmなどの小さいサイズなら片手で持ってよそいやすい。

卵焼き器

卵焼きを作る際に使用する、専用のフライパン。鉄製なら熱が均一に入りやすい。

［容器］

バット
切った食材をいったん並べておいたり、調理したものを取り出しておくのに使える。

ボウル
食材を調味料と和える、肉だねをこねるなど、用途に応じてサイズを使い分ける。

ざる
水気を切るときやだしをこすときに使用。ボウルに重ねて使えるようにサイズを選ぶ。

［はかる］

計量カップ
1カップ（200ml）以上はかれて、目盛りが見やすく、表示形式がわかりやすいものを選ぶ。

計量スプーン
大さじ（15ml）や小さじ（5ml）、小さじ1/2（2.5ml）をはかるスプーン。すり切りヘラつきが便利。

デジタルスケール
食材などの正確な重さをはかるのに必要。容器の重さを差し引いてはかることができる。

キッチンタイマー
ゆでる時間や煮込み時間をはかっておくと、加熱しすぎを防げて失敗しにくい。

［混ぜる・返す・すくうなど］

菜箸
炒める、焼く、混ぜる、盛りつけるなど様々な用途で使用。食中毒防止のため調理用と盛りつけ用は分ける。

泡立て器
食材を手早く混ぜたり泡立てたりできる。ピカタの卵液を混ぜるときなどに使用。

木べら
炒めたり混ぜるときに使用する。木製だと軽くて扱いやすく、高温になりにくい。

おたま
汁物や煮物を混ぜたり、よそったりする際に使用する調理道具。汁をこぼさずによそうことができる。

フライ返し
形を崩さずにひっくり返すときに使う。鶏肉の皮目を押しつけて焼くときにも。

トング
肉や魚などの食材をつかみやすい。菜箸よりも扱いやすいので特に初心者におすすめ。

基本の食材

常備しておくと安心な食材をピックアップしました。
どの食材も使いやすく、
いざというときに頼りになるものばかりです。

肉・魚

調味料に漬け込んでそのまま焼いたり、野菜と炒めたりと、お弁当のメインとなる食材です。
十分な加熱を心がけましょう。

鶏もも肉
調味料で漬けたり
炒め物やからあげに。

豚薄切り肉
単体で炒めたり、
野菜と一緒に炒めても。

合いびき肉
炒めて肉そぼろや
ハンバーグに。

魚の切り身
調味料に漬けて焼いたり
ソテーにしたり。

野菜

肉や魚と一緒に調理して主菜にしたり、サッと和えたり焼いたりして副菜にしたり、
お弁当に彩りを添えてくれる、スタメン食材です。

小松菜
シンプルにゆでたり、
炒めたり和え物にしても。

パプリカ
特に役立つ彩り野菜。
野菜炒めやソテーに。

玉ねぎ
長く保存ができる。
野菜炒めやハンバーグに。

なす
炒め物に入れたり
塩もみして副菜にしても。

加工品など

そのまま食べてもおいしいですが、副菜との相性がよく、
食べ応えをアップしてくれる頼もしい存在です。

ハム
ピカタや副菜の
具材にして食べ応えアップ。

ベーコン
炒め物の具材にしたり
野菜を巻いても。

ちくわ
細かく輪切りにして
和え物の具材に。

さつまあげ
そのまま焼いて入れたり
炒め物の具材にしても。

かに風味かまぼこ
オムレツの具材にしたり
ほぐして和え物にしても。

梅干し
ごはんにのせたり
ほぐして和え物の味つけに。

卵

卵はお弁当作りの万能選手！
ゆで卵や卵焼きだけでなく、
副菜の味つけにもなる卵は
ぜひ常備して。

基本の調味料

料理の味を決める調味料は数多くありますが、お弁当作りに必要なものは実はそんなに多くなくて大丈夫。それぞれの調味料の特徴を上手に活かしましょう。

基本のさしすせそ

和食の基本調味料を、頭文字で語呂合わせしたのが「さ（砂糖）し（塩）す（酢）せ（しょうゆ）そ（味噌）」。上手に組み合わせれば味つけのバリエーションが広がるので、まず揃えたいラインナップです。

砂糖

塩

酢

しょうゆ

味噌

その他の和食調味料

酒は食材の臭みを消し、風味を広げる効果が、みりんは上品な甘みで味わいに深みを出す効果があります。

酒

みりん

お弁当作りのために常備したい調味料

それひとつで使っても、組み合わせて使っても、味に深みが出ておいしくなる調味料をセレクトしました。

ポン酢しょうゆ

トマトケチャップ

焼き肉のたれ

オイスターソース

スパイス類

料理に辛みや風味をつけて、味わいにパンチを出してくれます。味つけにマンネリを感じたときのアレンジにもおすすめ。

黒こしょう

カレー粉

調理道具の正しい使い方

包丁の正しい使い方や正確な分量のはかり方をきちんと理解しましょう。

[包丁の基本的な使い方]

柄をしっかりとにぎる

柄の根元をしっかり持ちます。あまり遠すぎると力が入らず、扱いづらかったり、かたいものが切りにくかったりするのでケガのもとに！

反対側の手は「猫の手」に

包丁を持たないほうの手は「猫の手」で押さえます。指先で押さえると、ケガのもとになるので、指を軽く曲げた猫の手にして添えます。

基本は「押して」から「引いて」切る

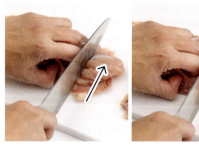

前方へ押し出すと刃がスムーズに動きます。刃がまな板に接したらスッと引くことでスッパリと切れます。これをリズミカルに繰り返します。

かたい食材は上から押して切る

かたい野菜は押し出すのではなく、力を入れて上から押すイメージで。かぼちゃなどは両手を使って力を加えて押して切ります。

包丁で切るときの正しい姿勢

包丁はまな板と直角に！

まな板に対して直角に包丁を持つことで、切る際の押す・引くという動作をスムーズに行うことができます。

調理台からはこぶし1個分！

腕に無駄な力が入らずに包丁をスムーズに扱えるのが、調理台からこぶし1個分ほど離れた距離です。

利き腕側の足を1歩後ろへ！

利き腕側の足を軽く後ろへ1歩引いた状態で立ちます。こうすることで、包丁がまな板に対して直角になります。

[はかり方]

計量カップではかる

1カップ（200ml）を基本に、1/2カップ（100ml）、1/4カップ（50ml）、1と1/2カップ（300ml）など目盛に合わせて正確に入れましょう。

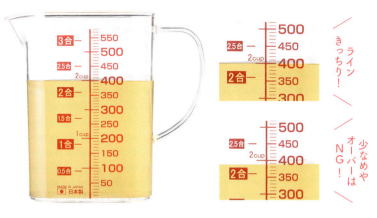

ラインきっちり！

少なめやオーバーはNG！

手ではかる

最後に味をととのえるときなど、塩や砂糖は手でつまんで加えます。

ひとつまみ
親指、人差し指、中指の3本の指でつまむ。小さじ1/5（1g）が分量の目安。

少々
親指、人差し指の2本の指でつまむ。小さじ1/10〜1/8（0.5〜0.625g）が分量の目安。

計量スプーンではかる

液体状（しょうゆ、みりん、酒、油など）のはかり方

大さじ1
スプーンのふちから表面張力で盛り上がっている状態がぴったりの量。

大さじ1/2
カーブした底部分の容量が少ないため、見た目にはスプーンの2/3くらいが目安。

粘度がある調味料はしっかりすくう！
トマトケチャップやマヨネーズなど粘度が高い調味料は小さなヘラなどを使い、スプーンに残った調味料をしっかりすくい取りましょう。

粉末状（塩、砂糖、小麦粉、片栗粉など）のはかり方

大さじ1
すり切りして表面を平らにした状態が、ぴったりの量。

大さじ1/2
すり切りしてから半分のラインをつけ、そこに沿って落とした量。

「すり切り」とは……
粉末状を山盛りにすくい取り、スプーンの柄などを使って余分な分量を落として平らにします。

さらに少なくするときは……
大さじ1/4は1/2をさらに半分に落とす。

上手な揚げ物のコツ

焼いたり煮たりするよりも手間に感じたり、作るハードルが高く思われがちな揚げ物でも基本を守れば自宅でおいしく作れます。

揚げ油は
菜箸でチェック

揚げ油の温度は見た目ではわかりにくいですが、実は菜箸で簡単にチェックすることができます。菜箸をぬらして水気をふき取り、揚げ油の中心に入れると、泡の出方で何℃くらいか確認できます。

低温160〜170℃
箸先から細かい泡がゆっくりゆらゆら出る状態。

中温170〜180℃
箸全体からすぐに小さな泡がのぼる状態。

高温180〜190℃
箸全体からすぐに大きな泡が勢いよく上がる状態。

油は多くなくても大丈夫

たっぷりの油で揚げるイメージですが、実はそんなに油を使わなくても大丈夫。鍋底から3〜5cmくらいの高さがあれば、どんな揚げ物もできます。最近では油を控えた揚げ焼き調理も一般的になりましたが、食材がしっかり油に漬かると格別の揚げ上がりに。

衣がかたまるまで触らない

揚げるものを油の中に入れたら、衣がはがれてしまうのを防ぐために、最初の数分間は触らないようにしましょう。また、何度もひっくり返すと油の温度が下がるのでやめましょう。

バッター液で
衣づけを簡単に

揚げ物の事前段階、衣づけを簡単にする技です。通常は小麦粉→溶き卵→パン粉の順で衣づけしますが、小麦粉と水と卵を混ぜたバッター液にするとバッター液→パン粉の2段階で済みます。中途半端な分量の溶き卵が余らないのも◎！

油の処理の方法

使用した油をそのまま排水口に流すのは絶対にやめましょう。油を捨てる際は、牛乳パックやポリ袋の中に紙を入れて油を吸わせましょう。いずれも油が完全に冷めてから作業します。また、市販の凝固剤で固めると簡単に処分できます。

お弁当用ごはんのルール

詰めて時間が経ってから食べる
お弁当用のごはんには
気をつけるべきルールがあります。

RULE 1
炊くときは炊飯器のタイマーを活用

炊飯は準備してから炊き上がるまでに約1時間はかかりますし、ごはんを冷ます時間も必要です。ごはんをタイマーで先に炊いておけば、効率よくお弁当を完成させられるので、朝のお弁当作りの時間を短縮できます。

タイマーは8時間以内を目安に

夏場は水温が高くなって傷みやすくなるため、タイマーの予約時間は8時間以内（セット時から8時間先までの時刻）にしましょう。お持ちの炊飯器の取り扱い説明書を読んでおくと安心です。

RULE 2
ごはんは詰める前に冷ます

＼おかずを作り始める前に準備しておくとスムーズ！／

温かい状態のごはんをお弁当箱に詰めてしまうと、冷めるのに時間がかかる上に、水分がでてしまい食中毒の原因になってしまいます。時間がないときでも必ず、お皿やバットにラップをしき、その上にごはんを取り出して一旦冷ましましょう。

冷凍ごはんを詰めるときは

冷凍ごはんを使う場合は、ごはんの水分を保った状態で解凍するために、ラップに包んだまま電子レンジで加熱します。加熱後、早く冷ましたいときはラップの上に広げてから金属バットにのせ、その下に保冷剤をしくと冷めやすいです。

RULE 3
残ったごはんは冷凍保存

残ったごはんは温かいうちにラップで包むか保存容器に入れて冷凍してしまいましょう。水分を閉じ込めてくれるので、解凍後も炊きたてに近いおいしい状態で食べられます。レンジ加熱での解凍が簡単でおすすめです。

ごはんの冷凍・解凍方法

1. ごはんを熱いうちにラップや保存容器に取り、すぐに密閉して水分を閉じ込める。
2. 少し粗熱がとれたら冷凍庫に入れる。
3. 食べる際は、電子レンジでしっかり加熱する。
※冷凍したごはんは長くても1か月以内に使い切りましょう。

この本の見方

A MENU
お弁当に入っている主菜・副菜の内訳です。副菜は主にP82〜97で紹介しています。

B 材料
使用する食材とその分量です。お好みで適宜調整してください。

C 使う道具
加熱に使用する道具のアイコンです。

D 火加減
加熱時の火加減を表すアイコンです。1つの工程で火加減が変わる場合は2つあります。

E 作り方
料理の手順です。わかりやすいように工程写真を入れています。

F ポイント
各工程の、料理をおいしく仕上げるためのコツやポイントを紹介しています。

G おかずを詰める順番
主菜と副菜をどのような順番で詰めるかを紹介しています。

H お弁当のポイント
レシピ全体のポイントや注意点、アレンジなどを紹介しています。

I 詰め方パターン
別の形のお弁当箱に詰める場合のポイントや、おかずを詰める順番を紹介しています。

この本のきまり

- 計量は1カップ＝200ml、大さじ1＝15ml、小さじ1＝5mlです。
- 野菜は洗う作業を済ませています。皮をむく、ヘタを取るなどの工程を省略しているレシピもあります。
- 調味料はおもに濃口しょうゆ、合わせ味噌を使用しています。
- 本書ではガスコンロを使用しています。
- 電子レンジの加熱時間は目安です。メーカーや機種によって異なる場合があるため、様子を見ながら調整してください。
- レシピに記載の炒めたり焼いたりする時間は目安です。必ず完全に火が通っているか確認してください。
- 作りおきを保存する際は、調理後しっかり冷まして、清潔な箸や容器を使ってください。
- 保存期間は目安です。冷蔵・冷凍庫内の冷気の循環状態、開け閉めの頻度などによりおいしく食べられる期間に差が出る可能性があるため、早めに食べ切るようにしてください。

第1章

＼まずは基本から／

お弁当作りで知っておきたいこと

お弁当作りは
なにから始めていいかわからない、
普段の食事を作るのとなにが違うの？と
思っている人も多いはず。
この章では、お弁当作りについて基本を学びましょう。
すぐに実践できるコツやポイントを知れば、
お弁当作りのハードルがぐんと下がります。

自分に合ったものを見つけよう！
お弁当箱の種類

形や大きさ、素材の違いなど種類がたくさんあるお弁当箱。
毎日のお弁当作りが楽しくなるような
ベストなお弁当箱を見つけましょう。

お弁当箱の大きさ

種類豊富な定番サイズ！
標準的な人向け

成人女性のお昼ごはんに適した容量のお弁当箱です。ごはんとおかずを1：1の比率にすれば、栄養バランスがととのったお弁当になります。

→詳細はP36へ

500〜700ml

800〜1000ml

たっぷり入ってうれしい！
たくさん食べたい人向け

普段から人よりもたくさん食べる人や、お昼ごはんをしっかりめに食べたい人にはこのサイズ。ごはんとおかず、どちらもたっぷり詰められる大きさです。

→詳細はP38へ

コンパクトで運びやすい！
小食な人向け

元々小食な人や、お昼ごはんはあまりたくさん食べないという人には小さめのお弁当箱を。小ぶりでもおかずは主菜と副菜をバランスよく入れましょう。

→詳細はP40へ

400〜500ml

お弁当箱の形

だ円形

持ちやすく詰めやすい！

お弁当箱といえば、の定番の形。美しいフォルムと、おかずが詰めやすくて、持ちやすく扱いやすいのも魅力です。

円形

丸みがコロンと可愛らしい！

見た目が可愛く、食べ終わった後に洗いやすい。円形のお弁当箱は、おかずをカーブに沿わせるように詰めるのがポイントです。

四角形

大きなおかずを大胆に詰められる！

バッグに入れやすく、おかずを仕切りやすい正方形や長方形のお弁当箱。長方形なら大ぶりなおかずをそのまま入れられるメリットも。

2段

おかずとごはんを分けたい人に！

ごはんとおかずを分けて持ち運べるので、味が移るのが気になる人におすすめ。食べ終わったら入れ子式で1段にできるものもあります。

曲げわっぱ

気分が上がる美しい見た目！

湿度が高いときには水分を吸収し、低いときは放出する、調湿効果があります。ごはんをおいしく食べたい人に。

→詳細はP42へ

スープジャー

あったかスープを持ち歩きたいなら！

保温力・保冷力が高い魔法瓶式のジャータイプの容器で、自宅で調理したスープなどを持ち運びできます。

→詳細はP162へ

これでもう悩まない！
お弁当のメニュー決め

おいしくて栄養バランスのいいお弁当を作るために
覚えておくべきいくつかの要素をご紹介します。
毎日食べるお弁当だからこそ、意識したいポイントです。

まずはお弁当の
メニュー構成を知りましょう

お弁当のメニュー決めは栄養バランスや彩りなど、気をつけるポイントが多く悩んでしまう人も多いはず。基本的なメニュー構成から順番に知ることで、上手にお弁当のメニュー決めができるようになります。

メニューの構成

ごはん50%　おかず50%

ごはんとおかずは1：1が基本

お弁当箱におかずを詰めるときは、ごはん（主食）とおかず（主菜＋副菜2品）が1：1の比率になるように意識しましょう。おかずの量のバランスは、基本的には主菜と副菜2品が1：1になるのが理想的ですが、場合によっては副菜2品よりも主菜が少し多めになってもよいです。

おかずは主菜＋副菜2品

おかずがたくさんあるお弁当は見た目が楽しく、栄養も豊富ですが、毎日作ることを考えると、負担になってしまいます。お弁当の基本的なメニュー構成は主食、主菜、副菜2品でよいです。肉や魚などのタンパク質をメインとした主菜と、野菜を中心に作る副菜を2つ入れれば、自然と栄養バランスもよくなります。

主菜のルール

1 食材の加熱は十分に行う

主菜で使用する肉や魚介類の細菌やウイルスを死滅させるために、食材には完全に火を通しましょう。半生の状態だと食中毒の原因となってしまいます。

2 基本は調理道具ひとつで作る

フライパンだけや電子レンジだけなど、少ない調理道具で作れる主菜なら洗いものが少なく済み、調理の段取りもしやすいのでおすすめです。

3 汁気をできるだけなくす

調理の際に、調味料や食材から出る水分が意外とあるため、加熱して汁気を飛ばしたり、詰める際に汁気を切ることで、おかずが傷みにくくなります。

4 冷めてもおいしい味つけに

お弁当のおかずは普段の食事よりも少しだけ濃い味つけで作ることで、冷めても味がぼけにくくなり、ごはんによく合う、おいしく食べられるおかずになります。

副菜のルール

1 色合いがきれいな食材を使う

主菜は茶色っぽい色合いのおかずが多くなりがちなので、副菜で緑色、赤色、黄色などの色鮮やかな食材を選ぶことで、お弁当に彩りを添えてくれます。

2 他のおかずと同じ味つけは避ける

しょっぱい肉巻きには甘めの卵焼きを組み合わせて！

主菜の味つけがしょっぱいなら副菜は酸っぱいものや甘いものにするなど、同じ味つけにならないようにすると、最後までおいしく食べられるお弁当になります。

栄養バランス

お弁当の栄養バランスは メニュー構成の比率を守ればOK

ごはんとおかずは1：1、主菜と副菜2品を入れることで、栄養バランスのいいお弁当になります。主食であるごはんやパンなどで、脳や体を動かすエネルギーの源となる炭水化物を摂取します。主菜では肉や魚介類などで、エネルギーや体の構成要素となるタンパク質を摂ります。副菜は野菜やきのこ類などで、ビタミンや食物繊維を摂りましょう。卵にはビタミンCと食物繊維以外のほぼすべての栄養素が含まれるため、栄養バランスをよくしてくれます。

副菜 野菜、きのこ、卵など
主食 ごはん、パン、麺など
主菜 肉、魚介類、大豆製品など

お弁当の彩り

副菜で彩りよくカラフルなお弁当に

ごはんは白色、主菜は茶色で、地味な色合いになりがちなお弁当では、主に副菜で緑や赤、黄色などの華やかな色を補います。食材や調味料で色合いを工夫すれば、開けたときにテンションが上がるような、彩りのよいお弁当になります。

緑 きゅうり、ブロッコリー、ほうれん草など
赤 トマト、パプリカ、梅干しなど

黄 とうもろこし、かぼちゃ、卵など
茶・黒 きのこ、黒ごま、ひじきなど

ふりかけや漬物を常備すると安心

お弁当全体が地味になってしまったときは、ふりかけや漬物、梅干しなどを入れると彩りと味のアクセントになるので、常備しておくのをおすすめします。

おかずの味つけ

基本の味つけは 4 パターン！

ひとつのお弁当の中で、おかずが同じような味つけにならないように気をつけましょう。主に「しょっぱい」「酸っぱい」「辛い」「甘い」の4パターンの味を上手に組み合わせることで、食べるのが楽しみになるお弁当になります。

しょっぱい

塩やしょうゆ、味噌で味つけしたときの味わい。主菜の定番である、塩辛い味つけのこと。

しょうゆ鶏

豚肉の味噌漬け

甘い

砂糖やみりん、はちみつなどで味つけしたときの味わい。甘辛い味つけも含まれる。

肉そぼろ

豚肉の砂糖じょうゆ炒め

酸っぱい

酢やレモン、マヨネーズ、ポン酢しょうゆなどで味つけしたときの味わい。甘酸っぱい味つけも含む。

鶏むね肉のポン酢しょうゆ漬け

エビマヨ

辛い

黒こしょうやスパイス、唐辛子などで味つけしたときの味わい。お弁当の中のアクセントになる。

鶏肉となすのカレー炒め

豚肉のプルコギ風

味の濃さ

味の濃淡で 食べ飽きないお弁当に！

お弁当では、味の濃淡にも気を配ってみましょう。主菜の味つけがしっかりしていたら、副菜にはゆで野菜など、シンプルな味わいのものを入れるのもおすすめです。主菜の味を程よく中和してよい箸休めになりますし、素材本来の味わいが楽しめます。

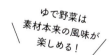
ゆで野菜は素材本来の風味が楽しめる！

食感

食材選びや調理法で 食感の違いを出して

おかずは味つけだけでなく、食感にも気を配ってみてください。やわらかいハンバーグや鶏つくねなどの主菜にはシャキシャキした野菜の副菜を組み合わせたり、卵焼きのアレンジにプチプチとした食感の枝豆をプラスしてみたり。ちょっとした工夫で食感の違いを出すことができます。

コツをつかめば時短に！
段取りと調理のポイント

毎朝準備して持っていくお弁当は
どれだけ事前に段取りをしておくかが大切。
調理のポイントも押さえて、スムーズなお弁当作りを目指しましょう。

前日に食材の準備をしておく

朝に食材を確認してメニューを決め、すべてのおかずを作るのは時間も手間もかかります。前日の夜、バットなどに使う食材をひとまとめにしておいたり、肉や野菜を切っておいたり、調味料に漬けておくと、当日に慌てずスムーズに調理に取り掛かれます。また、夕食作りで余った食材をお弁当で使い切るようにすると、食材のロスが出にくく、さらに冷蔵庫にある食材でやりくりする力も鍛えられます。

前の日の夕食や作りおきを使う

前日の夕食のおかずをあらかじめ少し取りおいたり、週末の時間があるときに日持ちする作りおきおかずをまとめて準備しておけば、当日はほとんど調理せずにお弁当に詰められます。「今は冷蔵庫に○○がある」という安心感にもつながります。わざわざ作る時間を設けるのではなく、ついでにやっておくのがポイントです。

夕食をアレンジしても！

夕食のおかずをお弁当に詰める場合、調味料を変えたり、スパイスをふったり、味つけにひと工夫してみて。

主に電子レンジと フライパンで調理する

お弁当のおかずの調理におすすめなのが、電子レンジとフライパンです。電子レンジはおかずの加熱調理はもちろん、野菜をゆでるときにも使えます。葉物野菜、かぼちゃやじゃがいもなども、鍋でゆでるより電子レンジで加熱する方が手軽です。中までしっかり火を通すことができ、素材の旨みを逃がしません。お肉系のおかずの調理もできますし、食材の形を崩さず加熱できます。加熱中に他の作業に取り掛かれるのもメリットのひとつです。フライパンはお弁当箱に詰める分だけ調理するなら、小さめのサイズで十分。軽くて使い勝手がいいのはもちろん、面積が広すぎないので大きいフライパンより熱効率もよく、加熱時間を短くできます。

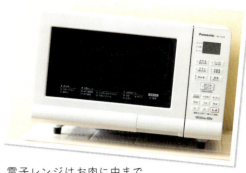

電子レンジはお肉に中までしっかり火を通す調理にも向いているので、主菜の加熱調理にも。

お弁当のおかずの調理に便利な小さめのフライパン。直径18cmくらいのものを使用しています。

同時調理で時間を短縮

材料をすべて切ったあとに主菜をフライパンで焼いたり炒めたりして、副菜を電子レンジでの加熱調理や和えるだけのものにすれば、同時進行でおかずの調理をすることができ、時間を有効活用できます。

フライパンでハムピカタを焼いて副菜はレンジ加熱＆和える！

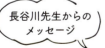

長谷川先生からのメッセージ

無理せずラクして 続けることが大切

お弁当作りは毎日完璧にはなかなかできないもの。忙しかったり疲れていて買い物に行けず、あり合わせで作ったり、やる気が出なかったり時間がなくて無理やり作ったお弁当になってしまうこともあると思います。そんな日もある、と思うことで気持ちに余裕を持ち、焼くだけや和えるだけの簡単調理のおかずをレパートリーに取り入れておいて、できるだけラクしながら続けることを第一に考えていきましょう。

傷みにくいお弁当にするには？
衛生面の注意点

お弁当作りで気をつけたいのが、ごはんやおかずが傷んでしまうこと。
とにかく清潔を保ち、細菌を繁殖させないことが大切です。
季節による気温の変化も関係するため、日ごろから注意しておきましょう。

おかずは前日調理でも必ず加熱する

おかずは加熱することで食中毒の原因となる細菌などを死滅させることができます。また、火を通すことで生焼けの可能性を減らし、繁殖する細菌を防ぎます。

NG 冷凍のまま入れるのは避ける

一度加熱調理して冷凍保存していたおかずをそのままお弁当に詰めるのは、解凍されたときに出る水分が傷みの原因になるためNG。手間に感じるかもしれませんが、必ず加熱するようにしましょう。また、解凍時に出た水分は切るか拭き取ることで、おかずが傷みにくくなります。

中央を空けてドーナツ状にすると早く冷めやすい！

冷ましてからお弁当箱に詰める

おかずが温かい状態でお弁当箱に詰めてフタをしてしまうと、蒸気がこもって水滴になり、ごはんやおかずが傷んでしまいます。おかずを加熱した後は必ず冷ましてからお弁当箱に詰めます。ごはんもよそったらしばらくフタを開けておきましょう。

焼き物や炒め物は汁気をできるだけ飛ばす

水分が多いと細菌が繁殖しやすく、傷みの原因となるため、おかずを調理する際の調味料の汁気は加熱してできるだけ飛ばすようにします。ただ、加熱しすぎると焦げついてしまうため、様子を見ながら調理しましょう。

梅干しや青じそを入れてもお弁当の傷み防止にはならない

殺菌・抗菌作用があるといわれることが多い梅干しや青じそ。直接触れているごはんやおかずは傷みにくくなりますが、お弁当箱全体の傷みを防ぐほどの効果はないため、あくまでお弁当の味や彩りのアクセントと考えましょう。

生野菜を入れるときはよく洗い水気を拭き取る

生野菜を入れると水分が出てきて傷みの原因になるため、基本的にあまりおすすめしません。どうしても入れたい場合は大葉や、洗って水気をしっかり切ったキャベツのせん切りなどにしましょう。

キャベツのせん切り

キャベツの葉をよく洗う。

ペーパータオルで水気を切る。

せん切りにする。

調理前と食材を触った後は
手をきれいに洗う

調理する前は、必ず手を洗い清潔にしましょう。調理中、特に未加熱の肉や魚などに直接触れた後も必ず手を洗い、細菌が他の食材や調理道具に付着するのを防ぎます。爪を短く切ったり、アクセサリーを外しておくことも大切です。

ごまやかつお節で
和えて水分を少なくする

フライパンなどで加熱して汁気を飛ばせる主菜とは違い、副菜は和えるだけの場合も。傷みの原因となる水分が気になる場合は、炒りごまやかつお節などを加えて和えることで、調味料や食材から出てくる水分を吸ってくれます。

ゆで卵や卵焼きは
中まで完全に火を通す

半熟のゆで卵やトロッとした卵焼きはおいしいですが、お弁当には絶対NG。卵には食中毒の原因となる細菌が付着していることがありますが、75度で1分以上の加熱で死滅するため、ゆで卵や卵焼きは中心までしっかり加熱するようにしましょう。

お弁当に入れては
いけないものに注意

お弁当に入れてはいけないものがいくつかあります。ミニトマトはヘタの根元に細菌がついていることが多く、洗っても残りやすいため、入れる場合はヘタを取ってよく洗い、水分をしっかり拭き取ってから入れましょう。エビの尻尾も同様に細菌が残りやすいため、調理段階で外しておくと安心です。

盛りつける箸は
清潔なものを使う

調理に使った菜箸でそのままお弁当箱に盛りつけるのは避けましょう。食材や調味料がついて汚れており、細菌がついている可能性も。盛りつけるときはきれいな菜箸を使い、おかずを詰める際に汚れたらこまめに拭くようにしましょう。

盛りつけるときは
仕切りカップを活用

汁気のあるおかずが他のおかずに触れて味が移るのを防いでくれる仕切りカップ。盛りつける際に主菜や副菜の分のカップを先に敷いておくことで、盛りつけのガイドとなって詰めやすくなるメリットもあります。

おにぎりをにぎるときは
ラップを使う

時間が経ってから食べるお弁当用のおにぎりは、素手でにぎるのではなく、ラップを上手に使ってにぎりましょう。おにぎりに直接触れないことで、細菌が繁殖しにくくなります。おにぎりのにぎり方はP154〜155で解説しています。

保冷バッグや保冷剤で
低温をキープする

お弁当を職場や学校に持っていく場合、気温が高くなる夏場はもちろん、一年を通してできるだけ低温の状態を保つことが重要です。保冷バッグに入れる、保冷剤をつける、冷蔵庫があれば食べる直前まで入れておくなどの工夫をしましょう。

ポイントを押さえて美しく!
お弁当の盛りつけ方

お弁当箱には様々な形がありますが、悩みがちなのがごはんとおかずの詰め方。
基本の2パターンを押さえれば、きれいに詰められるようになります。
なるべくすき間が空かないように詰めるのがポイントです。

パターン1　主菜から詰める

主菜の形が変わりにくい場合　例)からあげ、ハンバーグ など

1 ごはんを詰める

ごはんを手前に盛り、おかずを詰めるスペースを1/3 ほどあけておく。おかずとの境目を斜めにする。

2 仕切りカップを入れる

あけておいたスペースに仕切りカップを敷く。底面をすべて覆うように敷き詰めるのがポイント。

3 主菜を詰める　ここから分岐!

主菜がしっかりとした形の変わらないおかずの場合は、主菜から詰める。

4 副菜を詰める

奥側の空いているカップに副菜を詰める。

5 もうひとつの副菜を詰める

手前側の空いているカップにもうひとつの副菜を詰める。彩りが気になったらふりかけなどを使う。

完成!
きっちりおかずが入りバランスのいいお弁当に!

パターン2 副菜から詰める

主菜の形が変わりやすい場合　例)プルコギ、しょうが焼き など

1 ごはんを詰める

ごはんを手前に盛り、おかずを詰めるスペースを1/3ほどあけておく。おかずとの境目を斜めにする。

2 仕切りカップを入れる

あけておいたスペースに仕切りカップを敷く。底面をすべて覆うように敷き詰めるのがポイント。

3 副菜を詰める　**ここから分岐！**

主菜がやわらかく形が変わりやすいおかずの場合は、副菜を奥側から詰める。

4 もうひとつの副菜を詰める

手前側にもうひとつの副菜を詰める。

5 主菜を詰める

主菜を詰める。彩りが気になったらふりかけなどを使う。

完成！

他のおかずと混ざらず収まりのいいお弁当に！

のっけ・丼弁当の盛りつけ方

1　ごはんを詰める

ごはんをお弁当箱の高さの半分くらいまで、副菜を詰めるスペースをあけるように、ゆるやかに傾斜をつけて盛る。

2　主菜を詰める

主菜をごはんの上に詰める。

3　副菜を詰める

傾斜をつけた部分に副菜を詰める。

ごはんの上にのりを散らしても！

副菜を詰めるスペースをあける！

第1章　お弁当作りで知っておきたいこと

食べる量で異なる！
お弁当箱のサイズの見極め方

お弁当箱のサイズは容量で判断できますが、どれくらい入るかピンとこない……。
そんな人のために、サイズ違いのお弁当箱に同じおかずを詰めて比較しました。
まずは標準サイズのお弁当箱からチェックしましょう。

その1・標準サイズのお弁当箱

自分に合うお弁当のサイズが分からない人は、まずはベーシックなサイズのお弁当箱を使ってみてください。
何度か使ってみて、自分にとって量が多いか少ないかをチェックしてみましょう。

お弁当箱の容量目安
500〜700ml

600ml前後は一般的なお弁当箱のサイズとされており、可愛らしいデザインからシンプルなものまで、様々な種類が販売されています。

[600mlのお弁当箱の例]

副菜1　あらほぐしゆで卵マヨネーズ和え

主菜　焼き肉

POINT
ごはんを斜めに盛り、ごはんによりかかるようにおかずを盛ることで、ごはんとおかず1：1のバランスを保ちながら、お弁当全体の見栄えがよくなり、おかずに立体感が生まれます。

副菜2　キャベツナムル

おかず　ごはん

18〜60歳女性の平均サイズ！
あまり食べない男性にも

標準的なお弁当箱のサイズである500〜700ml。中でも容量600mlのお弁当箱は、成人女性や小食の男性にとってちょうどよい量とされています。初めてお弁当箱を買う人はこのサイズがおすすめ。ですが、お弁当箱を選ぶときは普段のお昼ごはんの量感を考えましょう。

こんな人におすすめ
- 成人女性
- 小食の男性
- 高齢の男性
- 小学生高学年のお子さん

\ 入っているのはこれくらいの量！ /

ごはん　150g（お茶わん1杯分）

おかず

副菜1　あらほぐしゆで卵マヨネーズ和え　約35g

副菜2　キャベツナムル　約30g

主菜　焼き肉　5枚

その2・大きいサイズのお弁当箱

お昼ごはんをしっかりめに食べたい人におすすめの大きめサイズはボリューム満点。ごはんやおかずがお弁当箱にどれくらい入るか、お茶わんとお皿に盛りつけて一目でわかるようにしました。

お弁当箱の容量目安
800〜1000ml

成人男性が食べる一般的な量です。そのため武骨でかっこいいデザインのお弁当箱が多くなっています。お昼ごはんをがっつり食べたい人にもおすすめのサイズです。

[**800mlのお弁当箱の例**]

副菜1　あらほぐしゆで卵マヨネーズ和え

主菜　焼き肉

POINT
ごはんとおかずをきっちり仕切ると、お弁当全体が窮屈に見えてしまいます。斜めに盛ったごはんによりかかるようにおかずを盛れば、見た目に余裕が生まれ、よりおいしそうなお弁当に。

副菜2　キャベツナムル

おかず　　ごはん

がっつり食べたいならこれ！
育ち盛りの中高生にも

大きめのお弁当箱は800〜1000mlのサイズ。働き盛りの男性や、お昼ごはんはしっかり食べたいという人、普段から比較的たくさん食べる女性、成長期の中高生（男女問わず）におすすめのサイズです。お弁当箱のサイズが大きくなっても、ごはんとおかずの比率を変えずに詰めることで、バランスのいいお弁当になります。

こんな人におすすめ
- 成人男性
- よく食べる女性
- 体を動かす仕事や習慣がある人
- 中学生・高校生

＼ 入っているのはこれくらいの量！ ／

ごはん　200g（お茶わん大盛り1杯分）

副菜1　あらほぐしゆで卵マヨネーズ和え　約50g

おかず

副菜2　キャベツナムル　約50g

主菜　焼き肉　7枚

その3・小さめサイズのお弁当箱

持ち歩きしやすい小さめのお弁当箱は、小食な人やお昼ごはんを控えめにしたい人などにちょうどいいサイズです。実際に詰められる量がどれくらいなのか見てみましょう。

お弁当箱の容量目安
400〜500ml

一般的なお弁当箱よりもコンパクトで持ち歩きやすいサイズです。キャラクターのイラストや模様が入るなど、やや子ども向けのデザインのものも、このサイズが多いです。

[400mlのお弁当箱の例]

主菜　焼き肉

副菜1　あらほぐしゆで卵マヨネーズ和え

副菜2　キャベツナムル

POINT
小さいサイズのお弁当では、ごはんの上にのせるのっけ弁当のような形で盛りつけましょう。見た目が華やかになり、満足度も上がります。

おかず　ごはん

お昼は控えめにしたい人向け
栄養バランスは意識して

小食な女性などにおすすめなのが400〜500mlサイズの小さめのお弁当箱。保育園や幼稚園に通う年齢のお子さんも、このサイズが目安となります。他にも、スープジャーに汁物を入れて持っていきたい人のお弁当箱にも。汁物と合わせてちょうどいい量のお弁当にできます。

こんな人におすすめ
- 小食な女性
- 園児
- お昼ごはんは控えめにしたい人
- スープジャーと合わせて使いたい人

第1章 お弁当作りで知っておきたいこと

＼ 入っているのはこれくらいの量！ ／

ごはん　100g（お茶わん小盛り1杯分）

おかず

副菜1　あらほぐしゆで卵マヨネーズ和え　約25g

副菜2　キャベツナムル　約20g

主菜　焼き肉　3枚

曲げわっぱのお弁当箱を
使ってみよう

見た目のよさと機能性のよさ、どちらも兼ね備えている
曲げわっぱのお弁当箱は、毎日のお弁当作りのモチベーションを上げてくれます。
性質を理解して扱い方を覚えましょう。

美しく便利な曲げわっぱは
毎日のお弁当作りの味方

曲げわっぱとは、杉やひのきなどを特殊な技術で曲げることで作られた伝統工芸品のこと。形や深さ、大きさ、木の違いなど色々な種類がありますが、見た目が美しくナチュラルな風合いが魅力です。価格面や他素材のお弁当箱との取り扱い方法の違いから、ハードルが高いと感じる人も多いかもしれませんが、機能面のメリットも多く、なによりいつものおかずを盛りつけるだけで、よりおいしそうに見え、毎日のお弁当が楽しくなるのがうれしいポイントです。

曲げわっぱのメリット

・通気性がよく、ごはんが蒸れない
・殺菌効果でごはんが傷みにくい
・木の香りが楽しめる

お手入れの方法

● 洗い方

1

やわらかいスポンジでやさしくこすり、ぬるま湯（40℃くらい）で洗い流す。

2

ごはんがこびりついているところは、角のあるかためのスポンジでこそげ落とす。

3

ペーパータオルなどで水気を拭き、お弁当箱を外側に向けてざるに立てかけ、風通しのよい場所で1日乾燥させる。

※無塗装の曲げわっぱの場合の洗い方です。洗剤は木目に吸い込まれるのでNG。
高温の湯や食洗機も避けましょう。漆塗りの場合は洗剤で洗って構いません。

● 詰める前

1

詰める前に、お弁当箱の中に流水をかける。

※水通しをして膜を作るとごはんがお弁当箱にくっつきにくくなり、色や匂い移りを防げます。

2

ペーパータオルなどで水気を拭く。

油じみができたら

80〜90℃の湯をお弁当箱の本体とフタの中に縁まで注ぐ。しばらくすると油が浮いてくる。油の動きが止まったら湯を捨てて乾燥させる。

注意点

・電子レンジで加熱しない
曲げわっぱを電子レンジで加熱してしまうと、漆や曲げ加工した部分が熱が加わった際にひび割れしてしまう場合があるため、電子レンジで加熱してはいけません。

・浸けおきできない
木は水分を吸ってしまう特性があるため、浸けおきをしてしまうとカビが発生する原因となってしまいます。曲げわっぱは水気をしっかりと切り、必ず乾燥させましょう。

COLUMN 1

お弁当の歴史

日本の食文化において長い歴史を持つお弁当。
その起源はいつ、どういったものだったのか、
どのように変化し人々の間に広まったのかを知りましょう。

お弁当の起源は平安時代

お弁当を携帯食として考えるならば、外出先や屋外で食事をするためのそのルーツは、平安時代までさかのぼります。「屯食（とんじき）」という携帯食としてのおにぎりや、「干飯（ほしいい）」などが普及しました。干飯は、米を蒸して乾燥させた保存食のこと。湯や水に浸して戻してから食べるか、そのまま食べられていたようです。

お弁当文化が庶民に広まった江戸時代

江戸時代初期に編集されたポルトガル語の『日葡辞書』には、「bento」という単語が「引き出しつきの文具箱に似た箱で、中に食物を入れて携行するもの」といったように記されています。お弁当はそれまで特権階級が花見や紅葉狩りなどの場で食べるものでしたが、次第に庶民の間でも広まり、携帯食をすべてお弁当と呼ぶようになったようです。

「腰弁当」で出勤していた明治〜大正時代

明治〜大正時代の頃は、労働者たちは出勤の際に、お弁当を腰にぶら下げて持参していました。これは江戸時代から続く「腰弁当」というもので、勤番の下侍が袴の腰に弁当を下げて出仕したことが由来の言葉ですが、明治時代になるとお弁当自体を指すだけでなく、勤労者の一群を表す言葉にもなりました。この頃、外食産業はまだまだ未発達であり、学校にも給食制度がなかったため、労働者だけでなく学生もみんなお弁当を持って学校に通っていました。

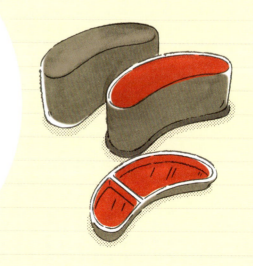

第2章

くり返し作りたい
彩りで考える
3品弁当

何種類もおかずを作って量や配置を考えながら
お弁当箱に詰めて……というのを
毎日続けるのは大変です。おかずは3品あれば十分。
詰めるときにあれこれ悩まずに済み、
栄養バランスも自然にととのいます。

2章のお弁当作りの流れ

**炊いておいた
ごはんを冷ます**

タイマーで炊いておいたごはんを、ラップをしいたバットの上にのせ、粗熱がとれるまで冷ます。

**おかずを作って
冷ます**

おかずを記載のレシピの通り作り、完成したら粗熱がとれるまで冷ます。

各レシピに記載の順番で詰める

おかずを詰める順番	副菜から
❶ 副菜：ピーマンとパプリカのごま油炒め	
❷ 副菜：ゆで卵	
❸ 主菜：しょうゆ鶏	

弁当箱にごはんを盛り、「おかずを詰める順番」の手順通りにおかずを詰める。P34～35「お弁当の盛りつけ方」も参考にする。

しょうゆ鶏弁当

鶏もも肉をしょうゆで漬けただけ。
なのに驚きのおいしさとやわらかさ。
加熱も電子レンジだけでできるので、慌ただしい朝にぴったりです。

MENU
主菜：しょうゆ鶏
副菜：ピーマンとパプリカの
　　　ごま油炒め（→P88）
副菜：ゆで卵（→P93）

しょうゆ鶏

● 材料（1人分）

鶏もも肉 …………………… 1/2枚
しょうゆ …………………… 大さじ1

電子レンジ

- 作り方

前日準備
鶏肉を切る

鶏肉は半分に切り、保存袋に入れてしょうゆを加える。

鶏肉を漬ける

保存袋は余分な空気を抜いて閉じる。冷蔵庫でひと晩〜1日漬ける。

> 漬けた状態であれば、冷蔵庫で2日ほど保存可能です。

1 レンジで加熱する

耐熱容器に鶏肉の皮目を下にして置き、ふんわりとラップをかけて電子レンジ（600W）で3分加熱する。

2 再度加熱する

1を裏返し、電子レンジで再度2分加熱する。ラップを外して、粗熱が取れるまで冷ます。

3 副菜から詰める

冷ましている間に弁当箱にごはんを詰める。仕切りカップを入れて副菜2品を詰める。冷めたら食べやすい大きさに切り、弁当箱に詰める。

おかずを詰める順番　副菜から
1. 副菜：ピーマンとパプリカのごま油炒め
2. 副菜：ゆで卵
3. 主菜：しょうゆ鶏

他のお弁当箱ならこう詰める！

長方形

副菜2品をお弁当箱の形に沿うように順に詰めていき、角を意識してしょうゆ鶏を詰める。

おかずを詰める順番　副菜から
1. 副菜：ピーマンとパプリカのごま油炒め
2. 副菜：ゆで卵
3. 主菜：しょうゆ鶏

円形

ピーマンとパプリカのごま油炒めを詰めたら丸みに沿わせてしょうゆ鶏を詰め、真ん中にゆで卵をのせる。

おかずを詰める順番　副菜から
1. 副菜：ピーマンとパプリカのごま油炒め
2. 主菜：しょうゆ鶏
3. 副菜：ゆで卵

第2章　彩りで考える3品弁当

鶏の照り焼き弁当

鶏肉を切って調味料と絡めるだけのお手軽レシピですが
甘辛いたれがごはんとの相性抜群。
のっけ弁当にしてもおいしいです。

MENU
主菜：鶏の照り焼き
副菜：塩もみきゅうりと
　　　ちくわ和え（→P84）
副菜：ブロッコリーの
　　　塩昆布和え（→P84）

鶏の照り焼き

● 材料（1人分）

鶏もも肉 ･････････････････････ 1/2枚
A ┌ しょうゆ、みりん ･････ 各小さじ2
　└ 砂糖 ･････････････････････ 小さじ1
サラダ油 ･････････････････････････ 少々

フライパン

● 作り方

1 鶏肉を切る

鶏肉は食べやすい大きさに切る。

> 鶏肉は前日に切っておくと、調理する際にすぐに加熱できてラクです。

2 鶏肉を焼く　中火

フライパンにサラダ油をひいて熱し、1を入れて中火で焼く。

3 調味料を煮絡める

鶏肉に火が通ったらAを加える。汁気がほぼなくなるまで煮絡める。火を止めてフライパンから取り出し、粗熱が取れるまで冷ます。

> 汁気があるとおかずが傷む原因になるため、たれはしっかりと煮詰めます。

4 主菜から詰める

冷ましている間に弁当箱にごはんを詰めて、仕切りカップを入れる。冷めたら弁当箱に詰める。

おかずを詰める順番　主菜から

❶ 主菜：鶏の照り焼き
❷ 副菜：ブロッコリーの塩昆布和え
❸ 副菜：塩もみきゅうりとちくわ和え

他のお弁当箱ならこう詰める！

正方形

三角形にごはんを詰めてから主菜→副菜の順に並べるように詰めていく。

おかずを詰める順番　主菜から

❶ 主菜：鶏の照り焼き
❷ 副菜：ブロッコリーの塩昆布和え
❸ 副菜：塩もみきゅうりとちくわ和え

第2章　彩りで考える3品弁当

鶏肉となすのカレー炒め弁当

カレーの香りが食欲をそそります。
フライパンひとつでできるので、
味つけがマンネリ化したらぜひ取り入れてみて。

MENU
- 主菜：鶏肉となすのカレー炒め
- 副菜：にんじんラペ（→P88）
- 副菜：ピーマンナムル（→P84）

お弁当のポイント
お好みでマヨネーズを添えるのもおすすめです。カレーの風味とマヨネーズのコクがよく合います。

鶏肉となすのカレー炒め

● 材料（1人分）

鶏もも肉	1/4枚
なす	1/2本
塩・こしょう	各少々
カレー粉	小さじ1/2
サラダ油	少々

フライパン

● 作り方

1 鶏肉となすを切る

鶏肉となすはそれぞれ2cm角に切る。

2 炒める　中火

フライパンにサラダ油をひいて熱し、鶏肉を入れて中火で炒める。鶏肉に軽く火が通ったらなすを加えて炒める。

3 塩・こしょうをふる

なすがしんなりしたら塩・こしょうをふる。

4 カレー粉を加えて炒める

カレー粉を加えてさらによく炒めたら火を止めてフライパンから取り出し、粗熱が取れるまで冷ます。

> 加熱によってカレーの風味が飛びすぎないように、カレー粉は最後に加えます。

5 副菜から詰める

冷ましている間に弁当箱にごはんを詰めて、仕切りカップを入れて副菜2品を詰める。冷めたら弁当箱に詰める。

おかずを詰める順番　副菜から
1. 副菜：にんじんラペ
2. 副菜：ピーマンナムル
3. 主菜：鶏肉となすのカレー炒め

他のお弁当箱ならこう詰める！

だ円形

青じそをしいて、副菜2品→カレー炒めの順番に詰めることで、色や配置の配分がきれいに盛りつけられる。

おかずを詰める順番　副菜から
1. 副菜：にんじんラペ
2. 副菜：ピーマンナムル
3. 主菜：鶏肉となすのカレー炒め

円形

副菜2品を先に詰めてから、カレー炒めがお弁当の真ん中を横断するように詰めることで美しい盛りつけに。

おかずを詰める順番　副菜から
1. 副菜：にんじんラペ
2. 副菜：ピーマンナムル
3. 主菜：鶏肉となすのカレー炒め

第2章　彩りで考える3品弁当

鶏むね肉の
ポン酢しょうゆ漬け弁当

鶏むね肉とポン酢のさっぱりとした組み合わせ。
漬けることでお肉がやわらかく、
ごはんにもよく合うおかずになります。

MENU
- 主菜：鶏むね肉の ポン酢しょうゆ漬け
- 副菜：しめじのソテー（→P97）
- 副菜：ウインナー入り かぼちゃサラダ（→P92）

お弁当のポイント

焼くとパサついたり硬くなりやすい鶏むね肉は、ポン酢しょうゆに漬けることでしっとりとした食感に仕上がります。炒めるときにケチャップを小さじ1加えてアレンジしても。味わいが変わっておすすめです。

鶏むね肉のポン酢しょうゆ漬け

● 材料（1人分）

鶏むね肉	1/4枚
A［ポン酢しょうゆ	大さじ3
しょうが（すりおろし）	少々
塩・こしょう	各少々
サラダ油	少々
小ねぎ（小口切り）	少々

フライパン

● 作り方

前日準備
鶏肉を切る

鶏肉はそぎ切りにする。

鶏肉を漬ける

鶏肉をバットに並べ、混ぜ合わせた**A**を全体にかけて、冷蔵庫でひと晩漬ける。

1 フライパンに並べる

フライパンにサラダ油をなじませる。**A**に漬けた鶏肉を並べて塩・こしょうをふる。

2 鶏肉を焼く　弱めの中火

弱めの中火で鶏肉の両面を焼き、火が通ったら火を止めてフライパンから取り出し、粗熱が取れるまで冷ます。

> 弱めの中火でじっくり焼くことで、鶏肉が硬くなるのを防ぎます。

3 副菜から詰める

冷ましている間に弁当箱にごはんを詰めて、仕切りカップを入れて副菜2品を詰める。冷めたら弁当箱に詰めて、小口切りにした小ねぎを散らす。

おかずを詰める順番　副菜から
1. 副菜：ウインナー入りかぼちゃサラダ
2. 副菜：しめじのソテー
3. 主菜：鶏むね肉のポン酢しょうゆ漬け

他のお弁当箱ならこう詰める！

長だ円形

副菜を詰めてから、ごはんによりかかるように青じそをしいて主菜を詰めることで、華やかな見た目に。

おかずを詰める順番　副菜から
1. 副菜：ウインナー入りかぼちゃサラダ
2. 副菜：しめじのソテー
3. 主菜：鶏むね肉のポン酢しょうゆ漬け

1段分割

2段のお弁当箱と考え方は一緒。あえて副菜の間に主菜を詰めることでグラデーションのような仕上がりに。

おかずを詰める順番　副菜から
1. 副菜：ウインナー入りかぼちゃサラダ
2. 副菜：しめじのソテー
3. 主菜：鶏むね肉のポン酢しょうゆ漬け

第2章 彩りで考える3品弁当

しょうが焼き弁当

豚肉の上に玉ねぎをおいて、しばらく動かさずに加熱することで豚肉は硬くならず、玉ねぎはシャキッとした食感が残ります。お弁当の定番おかずのひとつなので、ぜひレパートリーに加えて。

MENU
- 主菜：しょうが焼き
- 副菜：いんげんとベーコンのソテー（→P85）
- 副菜：セロリとにんじんの塩もみ（→P88）

しょうが焼き

フライパン

● 材料（1人分）

豚ロース薄切り肉	70g
玉ねぎ	1/4個
サラダ油	少々
A　みりん	大さじ1
しょうゆ	小さじ2
しょうが（すりおろし）	小さじ1

● 作り方

1 材料を切る

玉ねぎはくし形切りにする。豚肉は半分に切る。

2 具材を焼く　弱めの中火

フライパンにサラダ油をひき、豚肉を広げて入れる。豚肉の上に玉ねぎをのせ、弱めの中火で加熱する。

> 豚肉の上に玉ねぎをのせてから焼くことで、火がしっかりと通ります。

3 調味料を加えて炒める

豚肉にほぼ火が通ったら全体を混ぜ合わせ、**A**を加えて汁気がなくなるまで炒める。火を止めてフライパンから取り出し粗熱が取れるまで冷ます。

4 副菜から詰める

冷ましている間に弁当箱にごはんを詰めて、仕切りカップを入れて副菜2品を詰める。冷めたら弁当箱に詰める。

おかずを詰める順番　副菜から
1. 副菜：いんげんとベーコンのソテー
2. 副菜：セロリとにんじんの塩もみ
3. 主菜：しょうが焼き

他のお弁当箱ならこう詰める！

円形

お弁当箱の丸みを活かし、副菜から順に詰める。しょうが焼きは少し重ねるように入れることで、まとまりのある見た目に。

おかずを詰める順番　副菜から
1. 副菜：いんげんとベーコンのソテー
2. 副菜：セロリとにんじんの塩もみ
3. 主菜：しょうが焼き

お弁当のポイント

しょうがはチューブのものを使っても構いませんが、すりおろしたものを使うと香りがよくなります。余裕があるときはすりおろすのがおすすめです。

肉巻き弁当

電子レンジ加熱がポイントのレシピです。
お肉の巻きがはがれて形が崩れたり、加熱のムラが防げます。
野菜を変えればアレンジは無限大です。

MENU
- 主菜：肉巻き
- 副菜：れんこんソテー（→P94）
- 副菜：ゆでブロッコリー（→P86）

肉巻き

お弁当のポイント

パプリカとピーマンを巻くことで見た目をカラフルに。調味料に焼き肉のたれやケチャップを大さじ1加えれば、味変もできるレシピです。

● 材料（1人分）

豚バラ薄切り肉	2枚
パプリカ	1/8個
ピーマン	1/4個
サラダ油	少々
A　みりん	大さじ2
砂糖	小さじ1
しょうゆ	小さじ2

電子レンジ

フライパン

● 作り方

1 野菜を切る

パプリカとピーマンはそれぞれ縦に5mm幅に切る。

2 巻く

豚肉を広げ、パプリカとピーマンを半量ずつ並べて巻き上げる。これを2本作る。

3 電子レンジで加熱する

耐熱容器に**2**を並べてふんわりとラップをかけ、電子レンジ（600W）で1分30秒加熱する。

> 電子レンジで加熱することで、巻きを崩さずに豚肉と野菜に火を通すことができます。

4 焼く　中火

フライパンにサラダ油をひいて熱し、**3**を並べて中火で加熱する。

5 調味料を煮絡める

Aを加えて汁気がほぼなくなるまで煮絡める。火を止めてフライパンから取り出し、粗熱が取れるまで冷ます。

> 汁気をしっかり飛ばすことで、傷みにくく冷めてもおいしい肉巻きになります。

6 副菜から詰める

冷ましている間に弁当箱にごはんを詰めて、仕切りカップを入れて副菜2品を詰める。冷めたら弁当箱に詰める。

おかずを詰める順番　副菜から
① 副菜：ゆでブロッコリー
② 副菜：れんこんソテー
③ 主菜：肉巻き

他のお弁当箱ならこう詰める！

長方形

ゆでブロッコリー、れんこんソテーを手前の角に沿って詰めた後、青じそをしいてごはんによりかかるように肉巻きを詰める。

おかずを詰める順番　副菜から
① 副菜：ゆでブロッコリー
② 副菜：れんこんソテー
③ 主菜：肉巻き

ポークケチャップ弁当

ソテーした豚肉や野菜にケチャップを加えてサッと作れるレシピ。
ケチャップの甘酸っぱさが豚肉とよく合う
お弁当に入っているとうれしいおかずです。

MENU

主菜：**ポークケチャップ**

副菜：**小松菜の卵炒め**
（→P86）

副菜：**オクラの
梅おかか和え**
（→P89）

ポークケチャップ

● 材料（1人分）

豚薄切り肉	70g
玉ねぎ	1/8個
ピーマン	1/4個
サラダ油	少々
塩・こしょう	各少々
トマトケチャップ	小さじ2

フライパン

● 作り方

1 材料を切る

玉ねぎとピーマンは5mm幅の細切りにする。豚肉は食べやすい大きさに切る。

2 焼く　中火

フライパンにサラダ油をひき、1を入れて塩・こしょうをふり、中火で加熱する。

3 ケチャップを加えて炒める

豚肉に火が通ったら、ケチャップを加える。軽く炒めて火を止める。フライパンから取り出し、粗熱が取れるまで冷ます。

4 主菜から詰める

冷ましている間に弁当箱にごはんを詰めて、仕切りカップを入れる。冷めたら弁当箱に詰める。

おかずを詰める順番　主菜から

1. 主菜：ポークケチャップ
2. 副菜：小松菜の卵炒め
3. 副菜：オクラの梅おかか和え

他のお弁当箱ならこう詰める！

長方形

手前にポークチャップを詰めてから、ごはんによりかかるように副菜2品を順に詰める。

おかずを詰める順番　主菜から

1. 主菜：ポークケチャップ
2. 副菜：小松菜の卵炒め
3. 副菜：オクラの梅おかか和え

豚肉の味噌漬け弁当

前日に調味料に漬けておくだけで、
味が染みたとってもやわらかいお肉になります。
朝は冷蔵庫から取り出して焼くだけです。

MENU
- 主菜：豚肉の味噌漬け
- 副菜：にんじんのきんぴら（→P87）
- 副菜：エリンギとチンゲン菜とウインナーのソテー（→P87）

豚肉の味噌漬け

● 材料（1人分）

豚ロース厚切り肉	1枚
A　味噌	小さじ2
みりん	大さじ1

● 作り方

前日準備

豚肉に調味料をなじませる

Aはよく混ぜ合わせる。豚肉を保存袋に入れ、**A**を加えて豚肉全体によくなじませる。

豚肉を漬ける

余分な空気を抜いて袋を閉じ、冷蔵庫でひと晩〜3日漬ける。

> 4日以上使わない場合は、冷凍保存に切り替えましょう。

1 焼く 弱火

豚肉を袋から取り出して余分な調味料をペーパータオルで軽く拭き取り、フライパンに入れて弱火で両面を焼く。豚肉に火が通ったら、火を止めてフライパンから取り出し、粗熱が取れるまで冷ます。

> 余分な調味料を拭くことで、豚肉が焦げにくくなります。

2 副菜から詰める

冷ましている間に弁当箱にごはんを詰めて、仕切りカップを入れて副菜2品を詰める。冷めたら食べやすい大きさに切り、弁当箱に詰める。

おかずを詰める順番　副菜から

❶ 副菜：エリンギとチンゲン菜とウインナーのソテー
❷ 副菜：にんじんのきんぴら
❸ 主菜：豚肉の味噌漬け

他のお弁当箱ならこう詰める！

円形

両脇に副菜を詰めてから、断面を見せるように豚肉の味噌漬けを詰めることで食欲をそそる見た目に。

おかずを詰める順番　副菜から

❶ 副菜：エリンギとチンゲン菜とウインナーのソテー
❷ 副菜：にんじんのきんぴら
❸ 主菜：豚肉の味噌漬け

豚しゃぶ肉の
ポン酢炒め弁当

豚肉とにんじんをさっぱりとしたポン酢で炒めることで
お弁当のおかずにぴったりの一品になります。
にんじんのオレンジ色がお弁当のアクセントに。

MENU
主菜：豚しゃぶ肉の
　　　ポン酢炒め
副菜：ピーマンと
　　　ツナのサラダ
　　　（→P95）
副菜：まいたけ
　　　ソテー（→P97）

豚しゃぶ肉のポン酢炒め

● **材料（1人分）**

豚薄切り肉（しゃぶしゃぶ用）	60g
にんじん	1/4本
ポン酢しょうゆ	大さじ1
みりん	小さじ2
塩・こしょう	各少々
サラダ油	少々

フライパン

● 作り方

1 材料を切る

豚肉は3cm幅に切る。にんじんは細切りにする。

2 豚肉を焼く 中火

フライパンにサラダ油をひき、**豚肉を広げて入れたら**中火で加熱する。

> 豚肉はフライパンに広げ入れることで、豚肉同士がかたまりになってしまうのを防ぎます。このあとの工程で炒めるので、豚肉は裏返さなくてよいです。

3 にんじんを加える

豚肉にやや火が通ったらにんじんを加え、塩・こしょうをふって炒める。

4 調味料を煮絡める

ポン酢しょうゆとみりんを加えて煮絡め、汁気がほぼなくなったら火を止める。フライパンから取り出し、粗熱が取れるまで冷ます。

5 主菜から詰める

冷ましている間に弁当箱にごはんを詰めて、仕切りカップを入れる。冷めたら弁当箱に詰める。

おかずを詰める順番　主菜から
1. 主菜：豚しゃぶ肉のポン酢炒め
2. 副菜：ピーマンとツナのサラダ
3. 副菜：まいたけソテー

他のお弁当箱ならこう詰める！

円形

豚しゃぶ肉のポン酢炒めを詰めてから、青じそをしいてまいたけソテー、ピーマンとツナのサラダの順に詰めるとバランスのよい見た目に仕上がる。

おかずを詰める順番　主菜から
1. 主菜：豚しゃぶ肉のポン酢炒め
2. 副菜：まいたけソテー
3. 副菜：ピーマンとツナのサラダ

第2章　彩りで考える3品弁当

牛煮弁当

フライパンやお鍋は使わず、電子レンジで調理することで牛肉の旨みが引き立ち、短い時間で味が染み込みます。しっかり味つけで保存がきくので、多めに作るのがおすすめ。

MENU
- 主菜：牛煮
- 副菜：かに風味かまぼことしめじのポン酢和え（→P95）
- 副菜：ゆで小松菜（→P86）

お弁当のポイント

牛肉と玉ねぎに味がよく染み込んで、レンジ調理とは思えないおいしさです。ごはんに合うガッツリ味つけなので、のっけ弁当にしても。

牛煮

● 材料（作りやすい分量）

牛切り落とし肉	300g
玉ねぎ	1/2個
しょうゆ	大さじ3と1/2
砂糖	大さじ3

電子レンジ

● 作り方

1 材料を切る

牛肉は食べやすい大きさに切る。玉ねぎはくし形切りにする。

2 材料を混ぜる

耐熱容器にすべての材料を入れてよく混ぜる。

3 電子レンジで加熱する

ふんわりとラップをかけて電子レンジ（600W）で5分加熱する。

> 調味料をしっかりと混ぜ合わせておくことで、このあとの加熱の工程で玉ねぎと牛肉に味がよく染みるようになります。

4 2回目の加熱

耐熱容器を取り出して全体をよく混ぜ、再び電子レンジで3分加熱する。

> ここで全体をしっかりとほぐして混ぜ合わせることで、牛肉と玉ねぎに火が通りやすくなり、味もよく染み込みます。

5 3回目の加熱

耐熱容器を取り出したらさらに全体をほぐし、もう一度ラップをかけて2分加熱する。牛肉と玉ねぎに完全に火が通ったら、粗熱が取れるまで冷ます。

6 主菜から詰める

冷ましている間に弁当箱にごはんを詰めて、仕切りカップを入れる。冷めたら弁当箱に詰める。

おかずを詰める順番　主菜から
1. 主菜：牛煮
2. 副菜：かに風味かまぼことしめじのポン酢和え
3. 副菜：ゆで小松菜

他のお弁当箱ならこう詰める！

牛煮を詰めてからかに風味かまぼことしめじのポン酢和えとゆで小松菜を詰め、おかず全体のバランスを見ながら牛煮を足して調整する。

おかずを詰める順番　主菜から
1. 主菜：牛煮
2. 副菜：かに風味かまぼことしめじのポン酢和え
3. 副菜：ゆで小松菜

焼き肉弁当

焼き肉のたれを絡めるだけなので
メニューに困ったときに簡単に作れます。
野菜はそのとき冷蔵庫にあるものでアレンジ可能です。

MENU
- 主菜：**焼き肉**
- 副菜：**キャベツナムル**（→P85）
- 副菜：**あらほぐしゆで卵マヨネーズ和え**（→P93）

お弁当のポイント

焼き肉のたれには果実やスパイスが調合されているので、加えるだけで味に深みを出してくれます。冷蔵庫に余っている野菜などをたっぷり加えると炒め物感が強くなり、ボリュームのあるおかずになります。

焼き肉

● 材料（1人分）

牛カルビ肉（焼き肉用）……5〜6枚
パプリカ……………………1/8個
焼き肉のたれ………………大さじ1
サラダ油……………………少々

フライパン

● 作り方

1 パプリカを切る

パプリカは細切りにする。

2 具材を炒める　中火

フライパンにサラダ油をひき、肉を広げて並べる。中火で熱し、牛肉の色が変わったらパプリカを加えて炒める。

3 調味料を加えて炒める

パプリカがしんなりしたら焼き肉のたれを加える。全体によくなじんだら火を止めてフライパンから取り出し、粗熱が取れるまで冷ます。

4 副菜から詰める

冷ましている間に弁当箱にごはんを詰めて、仕切りカップを入れて副菜2品を詰める。冷めたら弁当箱に詰める。

おかずを詰める順番　副菜から
1. 副菜：あらほぐしゆで卵マヨネーズ和え
2. 副菜：キャベツナムル
3. 主菜：焼き肉

他のお弁当箱ならこう詰める！

円形

副菜を手前に詰めてから、パプリカと牛肉が交互になるように中央に詰めることで、カラフルで可愛らしい仕上がりに。

おかずを詰める順番　副菜から
1. 副菜：あらほぐしゆで卵マヨネーズ和え
2. 副菜：キャベツナムル
3. 主菜：焼き肉

焼き鮭弁当

鮭の切り身をフライパンで焼くだけの、
お弁当の定番おかずのひとつです。
ほぐしてフレーク状にして、ご飯の上にのせてアレンジしても。

MENU
- 主菜：**焼き鮭**
- 副菜：**マカロニサラダ**（→P96）
- 副菜：**レンジ蒸しなすのみょうが和え**（→P96）

お弁当のポイント

鮭以外にも塩さばや干物も、朝フライパンで焼くだけで手軽なので、お弁当におすすめです。

焼き鮭

● 材料（1人分）

甘塩鮭 ……………………… 1切れ

フライパン

● 作り方

1 焼く
🔥 中火

フライパンに鮭を入れ、中火で両面を焼く。火を止めてフライパンから取り出し、粗熱が取れるまで冷ます。

2 副菜から詰める

冷ましている間に弁当箱にごはんを詰めて、仕切りカップを入れて副菜2品を詰める。冷めたら弁当箱に入る大きさに切って詰める。

> しっかり冷ましてから入れることで、お弁当箱に匂いがつきにくくなります。

おかずを詰める順番　副菜から

❶ 副菜：レンジ蒸しなすのみょうが和え
❷ 副菜：マカロニサラダ
❸ 主菜：焼き鮭

他のお弁当箱ならこう詰める！

正方形

手前に副菜2品を詰めて、ごはんによりかかるように焼き鮭を置くことで、お弁当を開けたときにテンションが上がる見た目に。

おかずを詰める順番　副菜から

❶ 副菜：レンジ蒸しなすのみょうが和え
❷ 副菜：マカロニサラダ
❸ 主菜：焼き鮭

第2章　彩りで考える3品弁当

カジキソテー弁当

食べ応えのあるカジキは
さっぱりしたポン酢しょうゆの味つけでごはんが進みます。
しっかりとたれを煮絡めるのがポイント。

MENU
- 主菜：カジキソテー
- 副菜：さつまいもの甘煮（→P92）
- 副菜：コーンとほうれん草のソテー（→P92）

 **お弁当のポイント**

シンプルなソテーもおいしいですが、味つけをトマトケチャップや焼き肉のたれにアレンジしても、ごはんによく合います。

カジキソテー

フライパン

● 材料（1人分）

カジキ（切り身）	1/2枚
塩・こしょう	各少々
ポン酢しょうゆ	大さじ1
サラダ油	少々

● 作り方

1 カジキの下ごしらえ

カジキは塩・こしょうをふる。

2 焼く 🔥 中火

フライパンにサラダ油をひいて熱し、1を入れて中火で両面を焼く。ポン酢しょうゆをまわしかけて絡める。

3 調味料をなじませる

全体になじんだら火を止めてフライパンから取り出し、粗熱が取れるまで冷ます。

4 副菜から詰める

冷ましている間に弁当箱にごはんを詰めて、仕切りカップを入れて副菜2品を詰める。冷めたら弁当箱に詰める。

おかずを詰める順番　副菜から
1. 副菜：コーンとほうれん草のソテー
2. 副菜：さつまいもの甘煮
3. 主菜：カジキソテー

― 他のお弁当箱ならこう詰める！ ―

円形

手前に副菜2品を詰めたら、カジキソテーをごはんにのせるように詰める。青じそをしくことで、お弁当全体の色味もよくなる。

おかずを詰める順番　副菜から
1. 副菜：コーンとほうれん草のソテー
2. 副菜：さつまいもの甘煮
3. 主菜：カジキソテー

ブリの照り焼き弁当

魚のおかずの定番のひとつ！
甘辛いたれが食欲をそそります。
冷めてもおいしい、お弁当にぴったりのおかずです。

MENU

主菜：ブリの照り焼き

副菜：さつま揚げと
パプリカのソテー
（→P89）

副菜：オクラ昆布
佃煮和え（→P83）

ブリの照り焼き

フライパン

● 材料（1人分）

ブリ（切り身）……………… 1切れ
A ┌ しょうゆ、みりん …… 各小さじ2
　└ 砂糖 ………………………… 少々
サラダ油 ……………………… 少々

● 作り方

1 焼く 中火

フライパンにサラダ油をひいて熱し、ブリを入れて中火で両面を焼き色がつくまでしっかり焼く。余分な油はペーパータオルで拭き取る。

2 調味料を混ぜる

Aは混ぜ合わせておく。

3 調味料を加える

1にAをまわしかけて、絡めながら煮詰める。火を止めてフライパンから取り出し、粗熱が取れるまで冷ます。

4 副菜から詰める

冷ましている間に弁当箱にごはんを詰めて、仕切りカップを入れて副菜2品を詰める。冷めたら弁当箱に詰める。

おかずを詰める順番　副菜から
1. 副菜：さつま揚げとパプリカのソテー
2. 副菜：オクラ昆布佃煮和え
3. 主菜：ブリの照り焼き

― 他のお弁当箱ならこう詰める！ ―

円形

副菜2品を奥にバランスよく詰めたら、ブリの照り焼きを真ん中にのせることで美しいバランスに。

おかずを詰める順番　副菜から
1. 副菜：さつま揚げとパプリカのソテー
2. 副菜：オクラ昆布佃煮和え
3. 主菜：ブリの照り焼き

第2章　彩りで考える3品弁当

エビマヨ弁当

おなじみの中華料理をお弁当のおかずに。
むきエビを使えば殻をむく手間がなく朝でもサッと作れます。
プリプリのエビとマヨネーズがよく合います。

MENU
- 主菜：**エビマヨ**
- 副菜：**スクランブルエッグ**（→P93）
- 副菜：**いんげんの黒ごま和え**（→P85）

エビマヨ

● 材料（1人分）

むきエビ	中4尾
塩	少々
A マヨネーズ	大さじ1
A 白すりごま	小さじ1/2
A ごま油	少々

鍋

● 作り方

1 鍋に湯を沸かす

鍋にたっぷりの湯を沸かし、塩を入れる。

2 エビをゆでる
中火

エビを加えて火が通るまでゆでたら、ざるにあげて余分な水気を切る。

3 調味料と和える

2の粗熱がとれたら、混ぜ合わせた**A**を加えて和える。

4 副菜から詰める

弁当箱にごはんを詰めて、仕切りカップを入れて副菜2品を詰めてからエビマヨを弁当箱に詰める。

おかずを詰める順番　副菜から
1. 副菜：スクランブルエッグ
2. 副菜：いんげんの黒ごま和え
3. 主菜：エビマヨ

第2章　彩りで考える3品弁当

他のお弁当箱ならこう詰める！

長方形

ごはん→スクランブルエッグ→いんげんの黒ごま和えの順に詰めたら、真ん中にエビマヨを左右のバランスを見ながら詰めていく。

おかずを詰める順番　副菜から
1. 副菜：スクランブルエッグ
2. 副菜：いんげんの黒ごま和え
3. 主菜：エビマヨ

ハムピカタ弁当

ピカタですが、薄力粉はまぶしません。
ジューシーな厚切りハムを卵で包むだけで
ボリューム満点のお弁当おかずに！

MENU
主菜：**ハムピカタ**
副菜：**オクラの梅おかか和え**（→P89）
副菜：**キャベツナムル**（→P85）

ハムピカタ

● 材料（1人分）

ハム（厚切り）	1枚
卵	1個
オリーブオイル	小さじ1

フライパン

● 作り方

1 卵を溶く

ボウルに卵を割り入れ、泡立て器で混ぜる。

2 卵液を焼く　中火

フライパンにオリーブオイルをひいて中火にかける。フライパンの手前側に卵液を半分ほど流し込み、半月形に広げて少し火を通す。

3 ハムをのせる

2の上にハムをのせたら、卵液を少しだけ残して、反対側に流し込む。形をととのえながら火を通す。

4 形をととのえる

ハムがある方からたたむようにひっくり返して、形をととのえる。残りの卵液をたたんだ縁に流し込む。

> 上手にできるか不安な場合は、フライ返しを使って返すと失敗しにくいです。

5 火を通す

箸で口を閉じるようにととのえたら、再度ひっくり返す。両面に火が通っているのを確認したら火を止める。フライパンから取り出し、粗熱が取れるまで冷ます。

6 主菜から詰める

冷ましている間に弁当箱にごはんを詰めて、仕切りカップを入れる。冷めたら弁当箱に入る大きさに切って詰める。

おかずを詰める順番　主菜から
1. 主菜：ハムピカタ
2. 副菜：キャベツナムル
3. 副菜：オクラの梅おかか和え

他のお弁当箱ならこう詰める！

円形

ごはんに少しよりかかるようにハムピカタを詰め、キャベツナムル、オクラの梅おかか和えを順にカーブに沿うように詰める。

おかずを詰める順番　主菜から
1. 主菜：ハムピカタ
2. 副菜：キャベツナムル
3. 副菜：オクラの梅おかか和え

\ メイン級副菜！ /
卵焼き弁当

卵焼きは、主菜に負けないお弁当の大定番おかず。
一度に卵を流し込んで焼くやり方なら
冷めても縮まず、ふんわりとした食感を保てます。

MENU
主菜：肉巻き（→P56）
副菜：卵焼き
副菜：ゆでブロッコリー（→P86）

卵焼き

● 材料（1人分）

卵	2個
A [みりん	小さじ2
しょうゆ（またはめんつゆ）	少々
サラダ油	少々

卵焼き器

● 作り方

1 卵を溶く

ボウルに卵を割りほぐし、**A**の材料を加えて混ぜる。

> 卵は混ぜすぎると、焼いた後、時間が経つにつれて縮んでしまいます。卵白を切るように30回程度混ぜるのが目安です。

2 卵焼き器を火にかける 〔中火〕

卵焼き器にサラダ油をひいて中火で熱し、箸で卵液を少したらして、すぐに固まるまで熱くなっているかを確認する。

3 卵液を焼く 〔中火〕

全部の卵液を一気に流し込み、箸で全体を大きくかき混ぜる。7割ほど火が入った状態になったら厚さにムラができないよう全体をととのえる。

4 巻く 〔弱火〕

8割くらい火が通ったら、弱火にして端から3回転して巻き上げる。

5 卵焼きに火を通す

巻き終わったら裏返し、火を止めて余熱で完全に火を通し、卵焼き器から取り出して粗熱が取れるまで冷ます。

> 卵焼きを触ったときに、弾力があれば火が通っているサインです。

6 副菜から詰める

冷ましている間に弁当箱にごはんを詰めて、仕切りカップを入れる。冷めたら弁当箱に入る大きさに切り、弁当箱に詰める。

> 余った卵焼きはラップをかけて冷蔵保存してください。

おかずを詰める順番　副菜から
1. 副菜：卵焼き
2. 主菜：肉巻き
3. 副菜：ゆでブロッコリー

 お弁当のポイント

卵液を2〜3回に分けて焼く方法もありますが、一気に流し入れて焼くことでムラなく火が通り、断面もきれいに仕上がります。この方法だと焼き縮みも少ないため、冷めてもふっくらやわらかい卵焼きができるので、お弁当にぴったりです。

他のお弁当箱ならこう詰める！

円形

ごはんによりかかるように卵焼きと肉巻きを詰めたら、仕上げにゆでブロッコリーを手前のすき間に詰めて完成。

おかずを詰める順番　副菜から
1. 副菜：卵焼き
2. 主菜：肉巻き
3. 副菜：ゆでブロッコリー

正方形

お弁当箱に対してごはんを三角に詰めたら卵焼きと肉巻きを角に合わせるように入れ、手前の角に沿うようにゆでブロッコリーを詰める。

おかずを詰める順番　副菜から
1. 副菜：卵焼き
2. 主菜：肉巻き
3. 副菜：ゆでブロッコリー

Arrange

卵焼きはちょっとした食材をプラスするだけで見た目や味わいが変えられて、飽きずに楽しめます。

風味がアップ！
桜エビ卵焼き

● 材料（1人分）

卵	2個
桜エビ	大さじ2
A [みりん	小さじ2
しょうゆ（またはめんつゆ）	少々
サラダ油	少々

● 作り方

卵焼き（P78〜80）の作り方**1**に桜エビも加えて混ぜ合わせ、あとは同様に作る。

POINT
桜エビの旨みと香ばしい風味がよく、ピンクの色味がお弁当に彩りを添えてくれます。

断面が可愛い
のり卵焼き

● 材料（1人分）

卵	2個
焼きのり	1枚
A [みりん	小さじ2
しょうゆ（またはめんつゆ）	少々
サラダ油	少々

● 作り方

卵焼き（P78〜80）の作り方**3**で卵液を流し込んだあとに、卵焼き器よりも少し小さく切った焼きのりをのせ、あとは同様に作る。

POINT
一気に巻く作り方の卵焼きなので、のりが「の」の字になってとっても可愛いですよ。

プチプチ食感
枝豆卵焼き

● 材料（1人分）

卵	2個
枝豆（さやから取り出したもの）	大さじ2
A [みりん	小さじ2
しょうゆ（またはめんつゆ）	少々
サラダ油	少々

● 作り方

卵焼き（P78〜80）の作り方**1**に枝豆も加えて混ぜ合わせ、あとは同様に作る。

POINT
枝豆の黄緑色が爽やか。卵焼きの食感も楽しくなります。

＼お弁当を華やかに！／
ササッと手軽な副菜レシピ

お弁当に欠かせない副菜ですが、レパートリーや組み合わせに悩んでしまいがち。そんな副菜を、今回は色別で紹介します。冷蔵庫にある食材に変えたり、調味料を足したり、アレンジして楽しんでください。

緑のおかず

葉もの野菜やきゅうり、ピーマンを使ってサッと作れるレシピが勢揃い。

ごはんが進む味！

チンゲン菜のナムル

●材料（1人分）
チンゲン菜 … 3枚
塩・こしょう
　　　　…… 各少々
ごま油 ……… 少々

●作り方
1 チンゲン菜は食べやすい大きさに切る。
2 耐熱容器に1を入れてふんわりラップをかけ、電子レンジ（600W）で1分加熱する。
3 取り出して余分な水気を切り、塩・こしょうとごま油を加えて混ぜる。

素朴な味わいなので、味が濃い主菜との組み合わせがおすすめです。

厚揚げとチンゲン菜のソテー

●材料（1人分）
厚揚げ ……… 1/4枚
チンゲン菜 …… 2枚
塩・こしょう … 各少々
ごま油 ………… 少々

シンプルなソテーですが、厚揚げが食べ応えをアップしてくれます。

●作り方
1 厚揚げは1cm幅に切る。チンゲン菜は食べやすい長さに切る。
2 フライパンにごま油をひいて熱し、1を入れて塩・こしょうをふって炒める。
3 チンゲン菜に火が通ったら火を止める。

素材の旨みが引き立つ！

ポリポリ食感が楽しい！

塩もみきゅうりのごま和え

- 材料（1人分）

きゅうり ……………………………… 1/4本
塩 ………………………………………… 少々
白炒りごま ……………………… 小さじ1/2

- 作り方

1 きゅうりは薄い輪切りにする。
2 ボウルに1を入れ、塩を加えてなじませる。
3 3〜4分置いてから水気を絞り、白炒りごまを加えて混ぜる。

ほうれん草と桜エビのごま油和え

桜エビが味わい深い！

- 材料（1人分）

ほうれん草 ……… 1株
桜エビ（乾燥）
　………… 小さじ2
ごま油 ………… 少々
塩・こしょう … 少々

- 作り方

1 ほうれん草は食べやすい長さに切る。耐熱容器に入れてふんわりラップをして、電子レンジ（600W）で1分加熱する。
2 耐熱容器を取り出し、ほうれん草を水にさらして絞る。
3 ボウルに2と桜エビを加え、塩・こしょうをふり、ごま油を加えて混ぜる。

昆布の旨みが広がる！

オクラ昆布佃煮和え

- 材料（1人分）

オクラ ………………………………………… 2本
昆布佃煮 …………………………… 小さじ2

- 作り方

1 オクラは半分に斜め切りにする。耐熱容器に入れ、ラップをして電子レンジ（600W）で20秒加熱する。
2 ボウルに1と昆布佃煮を入れ、よく混ぜる。

塩もみきゅうりと ちくわ和え

- 材料（1人分）

きゅうり ………………………… 1/3本
ちくわ …………………………… 1/2本
塩 ………………………………… 少々

- 作り方

1 きゅうりとちくわは薄い輪切りにする。
2 きゅうりは塩をふってなじませて3分おき、軽く絞る。
3 ボウルにちくわと2を入れて混ぜる。

きゅうりの食感がアクセントに！

ゆでブロッコリーを和えるだけ！

ブロッコリーの 塩昆布和え

- 材料（1人分）

ブロッコリー ………………… 子株2個
塩昆布 …………………………… 少々

- 作り方

1 耐熱容器にブロッコリーと水少々（分量外）を入れ、ふんわりとラップをして電子レンジ（600W）で1分加熱します。
2 ボウルに1と塩昆布を入れて和える。

ピーマンナムル

- 材料（1人分）

ピーマン ………………………… 1/2個
塩・こしょう …………………… 少々
ごま油 …………………………… 少々

- 作り方

1 ピーマンは細切りにする。
2 耐熱容器に1を入れ、電子レンジ（600W）で20秒加熱したら余分な水気を切る。
3 2に塩・こしょうをふり、ごま油を加えて混ぜる。

レンジですぐできる！

キャベツナムル

- **材料（1人分）**

キャベツ ……………………………… 1枚
塩・こしょう ……………………… 各少々
ごま油 ………………………………… 少々

- **作り方**

1. キャベツは食べやすい大きさに切る。
2. 耐熱容器に1を入れ、ふんわりラップをかけて電子レンジ（600W）で1分加熱する。
3. 余分な水気を切ったら塩・こしょうをふり、ごま油を加えて混ぜる。

クセになるおいしさ！

いんげんの黒ごま和え

しみじみおいしい黒ごまの風味！

- **材料（1人分）**

いんげん ……………… 3本
黒すりごま ……… 小さじ1
みりん ………… 小さじ1/2
砂糖 ………………… 少々
しょうゆ …………… 少々

- **作り方**

1. いんげんは4cmの長さに切る。
2. 小鍋に湯を沸かしていんげんをゆで、濃い緑色になったら取り出し、冷水にさらして水気を拭き取る。
3. ボウルに2と黒すりごま、みりん、砂糖、しょうゆを加えて混ぜる。

いんげんとベーコンのソテー

- **材料（1人分）**

いんげん ……………… 3本
ベーコン ……………… 1枚
塩・こしょう ……… 各少々
サラダ油 …………… 少々

- **作り方**

1. いんげんは4cmの長さに切る。ベーコンは1cm幅に切る。
2. 小鍋に湯を沸かしていんげんをゆで、濃い緑色になったら取り出し、冷水にさらして水気を拭き取る。
3. フライパンにサラダ油をひいて熱し、1を加えて塩・こしょうをふる。
4. 少し炒めたら火を止める。

いんげんの食感が楽しい！

> 素材の味が際立つ！

小松菜の卵炒め

- 材料（1人分）

小松菜 ………………… 1株
卵 …………………… 1個
塩・こしょう …… 各少々
サラダ油 …………… 少々

- 作り方

1 小松菜は食べやすい大きさに切る。卵は溶いておく。

2 フライパンにサラダ油をひいて熱し、小松菜を入れて塩・こしょうをふって炒める。

3 小松菜に火が通ったら卵を回し入れ、ゆっくりと混ぜ合わせる。

4 全体に火が通ったら火を止める。

困ったときはすぐできる
ゆで野菜を入れましょう

ゆでるだけの野菜も立派な副菜になります。主菜ともう一品の副菜の味を緩和してくれて、箸休めの役割を果たしてくれるのです。また、3日ほど保存がきくので、少し多めに作っておくと困ったときに役立ちます。

ゆで小松菜

- 材料（1人分）

小松菜 ………………………… 1株

- 作り方

1 小松菜は洗ってラップに包む。
2 電子レンジ（600W）で1分加熱して水にさらす。
3 水気を絞り、食べやすい大きさに切る。

ゆでブロッコリー

- 材料（1人分）

ブロッコリー …………… 子株2個

- 作り方

1 小鍋に湯を沸かし、ブロッコリーを入れてゆでる。
2 全体に濃い緑色になったら取り出して粗熱をとる。

ゆでほうれん草

- 材料（1人分）

ほうれん草 …………………… 1株

- 作り方

1 ほうれん草は洗ってラップに包む。
2 電子レンジ（600W）で1分加熱して水にさらす。
3 水気を絞り、食べやすい大きさに切る。

赤のおかず

にんじんやパプリカなどを使った赤色のおかずは
お弁当をぐっと華やかにしてくれること間違いなし。

エリンギとチンゲン菜とウインナーのソテー

切って炒める簡単レシピ！

● 材料（1人分）

エリンギ …… 1/2本
チンゲン菜 …… 2枚
ウインナー …… 1本
塩・こしょう
　　………… 各少々
サラダ油 …… 少々

● 作り方

1　エリンギは薄切りにする。チンゲン菜は食べやすい大きさに切る。ウインナーは斜め切りにする。

2　フライパンにサラダ油をひいて熱し、1を入れ塩・こしょうをふって炒める。

3　全体に火が通ったら火を止める。

きのこと葉物野菜、お肉の組み合わせで栄養バランスのいい副菜です。

にんじんのきんぴら

● 材料（1人分）

にんじん ……………………… 1/4本
しょうゆ ……………………… 小さじ1
みりん ………………………… 小さじ2
ごま油 ………………………… 少々
白炒りごま …………………… 適量

● 作り方

1　にんじんは細切りにする。

2　フライパンにごま油をひいて熱し、1を入れてよく炒める。

3　みりんとしょうゆを加えて汁気がなくなるまで炒めたら火を止める。

4　白炒りごまを加えて混ぜる。

甘辛い味つけのきんぴらに、白ごまの風味が利いてごはんによく合います。

にんじんの甘みが楽しめる！

ピーマンとパプリカのごま油炒め

赤と緑が色鮮やか!

- 材料(1人分)

ピーマン	1/2個
パプリカ	1/8個
塩・こしょう	各少々
ごま油	少々

- 作り方

1 ピーマンとパプリカは細切りにする。

2 フライパンにごま油をひいて熱し、1を入れて炒めたら塩・こしょうをふる。

3 少し炒めたら火を止める。

甘酸っぱさがたまらない!

にんじんラペ

- 材料(1人分)

にんじん	1/4本
塩・こしょう	各少々
酢	少々
はちみつ	小さじ1/2
オリーブオイル	小さじ1/2

- 作り方

1 にんじんは細切りにする。

2 ボウルに1と残りの材料すべてを加えて混ぜる。

セロリとにんじんの塩もみ

- 材料(1人分)

セロリ	3cm
にんじん	1/8本
塩	少々

- 作り方

1 セロリは薄切りにする。にんじんは薄い半月切りにする。

2 ボウルに1を入れ、塩を加えてなじませる。

3 3~4分置いてから水気を絞る。

シャキシャキ食感!

オクラの梅おかか和え

梅肉の酸味とかつお節の風味！

- 材料（1人分）

オクラ	2本
梅肉	小さじ1
かつお節	少々

- 作り方

1. オクラはラップに包み、電子レンジ（600W）で20秒加熱する。
2. ラップをはずし、冷水にさらして水気を拭き取り1cm幅に切る。
3. ボウルに2を入れ、梅肉を加えて和える。かつお節を加えて軽く混ぜる。

さつま揚げとパプリカのソテー

パプリカの甘みが引き立つ！

- 材料（1人分）

さつま揚げ	1枚
パプリカ	1/8個
塩・こしょう	各少々
サラダ油	少々

- 作り方

1. さつま揚げは1cm幅に切る。パプリカは乱切りにする。
2. フライパンにサラダ油をひいて熱し、1を加え塩・こしょうをふって炒める。
3. 全体によく炒めたら火を止める。

パプリカと突きこんにゃくの甘辛炒め

甘辛味が食欲そそる！

- 材料（1人分）

パプリカ	1/8個
突きこんにゃく	10本
A［しょうゆ、みりん	各小さじ1
砂糖	小さじ1/2
ごま油	少々

- 作り方

1. パプリカは細切りにする。
2. フライパンにごま油をひいて熱し、パプリカとこんにゃくを入れてよく炒める。
3. Aを加えて煮絡め、汁気がほぼなくなったら火を止める。

ほっこりうれしい甘み！

にんじん甘煮

● 材料（1人分）

にんじん………………1cm輪切り3枚
はちみつ……………………小さじ2
塩………………………………少々

● 作り方

1 小鍋ににんじんを入れてかぶる程度の水を加える。
2 1にはちみつと塩を加えて中火にかけて煮る。
3 にんじんに火が通り、汁気がほぼなくなったら火を止める。

パプリカとエリンギの乱切りオイスターソース炒め

サッと作れるこってり味！

● 材料（1人分）

パプリカ……………1/8個
エリンギ………………1本
オイスターソース
………………小さじ1/2
ごま油……………少々

● 作り方

1 パプリカとエリンギは乱切りにする。
2 フライパンにごま油をひいて熱し、1を入れて炒める。
3 全体に火が通ったらオイスターソースを加え、少し炒めたら火を止める。

パプリカひとつですぐできる！

パプリカのごま和え

● 材料（1人分）

パプリカ……………1/8個
A ┌ 黒すりごま……小さじ1
  │ みりん………小さじ1/2
  └ 砂糖、しょうゆ
          ………各少々

● 作り方

1 パプリカは細切りにする。
2 1をラップに包んで、電子レンジ（600W）で30秒加熱する。取り出して余分な水気を拭き取る。
3 ボウルに2とAを加えて混ぜる。

お花形ウインナー

- 材料（1人分）

ウインナー 2本
トマトケチャップ 小さじ1
サラダ油 .... 少々

- 作り方

1 ウインナーは半分に切り、先端部分に十字の切れ目を入れる。
2 フライパンにサラダ油をひいて熱し、1を入れて炒める。
3 ウインナーの切れ目が開いたらケチャップを加え、全体になじませるように炒めて火を止める。

> タコさんウインナーよりも簡単にできて、見た目が可愛らしいので、お弁当全体が地味になりそうなときのアクセントに。

お弁当を華やかに！

アスパラベーコン

- 材料（1人分）

アスパラガス 1本
ベーコン 1枚

- 作り方

1 アスパラガスは半分の長さに切る。
2 ベーコンを広げて、1の2本を並べたら巻き上げる。
3 耐熱容器に入れ、ふんわりラップをかけて電子レンジ（600W）で1分加熱して取り出す。
4 粗熱がとれたら半分の長さに切る。

電子レンジでできちゃう！

> フライパンは使わず、電子レンジで加熱します。巻いたベーコンがはがれて形が崩れたり、焦げついてしまう心配がないのでおすすめです。

黄のおかず

お弁当の定番の卵やコーン、かぼちゃなどを使って可愛らしい色合いに。

コーンとほうれん草のソテー

● 材料（1人分）

ほうれん草 ………… 1株
コーン ………… 大さじ2
塩・こしょう ……… 各少々
サラダ油 ………… 少々

● 作り方

1. ほうれん草は食べやすい大きさに切る。
2. フライパンにサラダ油をひいて熱し、1とコーンを入れて炒め、塩・こしょうをふる。
3. ほうれん草がしんなりしたら火を止める。

コーンの甘みが楽しめる♪

さつまいもの甘煮

シンプルでやさしい味

● 材料（1人分）

さつまいも
　…1cm幅の輪切り2枚
砂糖 ………… 小さじ2
塩 ………… 少々

● 作り方

1. 小鍋にさつまいもを入れ、かぶる程度の水、砂糖、塩を加えて中火にかけて煮る。
2. さつまいもに火が通り、汁気が少々残る程度になったら火を止める。

ウインナー入りかぼちゃサラダ

● 材料（1人分）

かぼちゃ ………… 50g
ウインナー ………… 1本
塩・こしょう ……… 各少々
マヨネーズ ……… 小さじ2
サラダ油 ………… 少々

● 作り方

1. ウインナーは輪切りにする。
2. フライパンにサラダ油をひいて熱し、1を入れて軽く炒める。
3. かぼちゃは1cm幅に切り、耐熱容器に入れて小さじ1の水を加えて電子レンジ（600W）で4分加熱する。かぼちゃに火が通ったのを確認したらフォークでつぶす。
4. ボウルに2と3を入れ、粗熱がとれたら塩・こしょうとマヨネーズを加えて混ぜる。

かぼちゃの甘みとウインナーの塩気！

ゆで卵

- **材料（1人分）**

卵 ………………………………… 1個

- **作り方**

1. 小鍋にたっぷりの湯を沸かし、沸騰したら火を少し弱めて卵をゆっくりと入れる。
2. 中火で11分ゆでたら、取り出して冷水にさらす。
3. 粗熱がとれたら、殻をむいて半分に切る。

黄身の黄色が美しい！

あらほぐしゆで卵マヨネーズ和え

卵とマヨが相性抜群！

- **材料（1人分）**

ゆで卵 ………………………………… 1個
塩・こしょう ………………………… 各少々
マヨネーズ …………………………… 小さじ2

- **作り方**

1. ボウルにゆで卵を入れ、フォークであらめにつぶす。
2. 塩・こしょうとマヨネーズを加えて混ぜる。

スクランブルエッグ

- **材料（1人分）**

卵 ………………………………… 1個
塩・こしょう ………………………… 各少々
サラダ油 ……………………………… 少々

- **作り方**

1. ボウルに卵を割り入れ、塩・こしょうを加えて溶いておく。
2. フライパンにサラダ油をひいて熱し、1を流し込んで全体をかき混ぜる。
3. ふんわりとして全体に火が通ったら火を止める。

ふんわり素朴なおいしさ！

白のおかず

れんこんやマカロニ、マヨネーズ和えなど
白色の副菜を足すことで、お弁当にメリハリを。

れんこんソテー

● 材料（1人分）

れんこん	1/3個
塩・こしょう	各少々
ごま油	少々

● 作り方

1. れんこんは食べやすい大きさの薄切りにする。
2. フライパンにごま油をひいて熱し、1を加えて塩・こしょうをふって炒める。
3. 少し炒めたら火を止める。

れんこんは表面に焼き色をつけることで香ばしくなり、素材の旨みが引き出されます。

れんこんの食感が楽しめる！

れんこんの白すりごまマヨ和え

マヨとすりごまの風味がよく合う！

● 材料（1人分）

れんこん	1/3個
マヨネーズ	小さじ1
白すりごま	小さじ1/2
サラダ油	少々

● 作り方

1. れんこんは薄切りにする。
2. フライパンにサラダ油をひいて熱し、1を入れて炒め、火が通ったら取り出して粗熱をとる。
3. ボウルに2を入れ、マヨネーズと白すりごまを加えて混ぜる。

マヨネーズのまろやかな味わいと、れんこんの歯ごたえがたまらないおいしさです。

カレーの風味でごはんが進む！

アスパラマヨカレー風味

● 材料（1人分）

アスパラガス … 1本
塩・こしょう
　………… 各少々
マヨネーズ
　………… 小さじ2
カレー粉 ……… 少々

● 作り方

1. アスパラガスはラップに包み、電子レンジ（600W）で1分加熱する。
2. 取り出して粗熱をとり、2cm長さに切る。
3. ボウルに2を入れて塩・こしょうをふり、マヨネーズとカレー粉を加えて混ぜる。

ピーマンとツナのサラダ

● 材料（1人分）

A ┌ ピーマン …………………… 1/2個
　│ ツナ ………………………… 大さじ1
　│ 塩・こしょう ……………… 各少々
　└ マヨネーズ ………………… 小さじ1

● 作り方

1. ピーマンは薄い輪切りにする。
2. ボウルに1とAを入れて和える。

シャキシャキ食感とツナの旨み！

さっぱり食べられる！

かに風味かまぼことしめじのポン酢和え

● 材料（1人分）

かに風味かまぼこ ……………………… 1本
しめじ …………………………………… 10本
ポン酢しょうゆ ………………………… 小さじ1

● 作り方

1. かに風味かまぼこはほぐす。
2. しめじはラップに包んで電子レンジ（600W）で20秒加熱する。
3. ボウルに1と2を入れ、ポン酢しょうゆを加えて和える。

マカロニサラダ

お弁当の定番副菜！

● 材料（1人分）

マカロニ	20g
きゅうり	1cm
にんじん	1/8本
マヨネーズ	小さじ2
塩・こしょう	各少々

● 作り方

1. マカロニは袋の表示通りにゆでる。
2. きゅうりは薄い輪切りにする。にんじんはせん切りにする。
3. ボウルに2を入れ、塩少々（分量外）を混ぜて3分おき、水気を絞る。
4. ボウルに1、3、塩・こしょう、マヨネーズを入れて混ぜる。

> マカロニはメーカーによって量やゆで時間が異なるため、袋の表記を確認してから調理しましょう。

レンジ蒸しなすのみょうが和え

● 材料（1人分）

なす	1/2本
みょうが	1/2個
塩	少々

● 作り方

1. みょうがは薄い輪切りにする。なすは薄い半月切りにする。
2. なすは塩をふり、耐熱容器に入れてふんわりラップをかけて電子レンジ（600W）で20秒加熱する。
3. 取り出して余分な水気を拭き取る。
4. 3をボウルに入れ、みょうがを加えて混ぜる。

> レンジで簡単に作れる蒸しなすに、爽やかな風味のみょうがを加えてさっぱり食べられる副菜です。

みょうががアクセントに！

茶・黒のおかず

きのこやこんにゃくなどを使った濃い色の副菜で全体を引き締めて。

まいたけソテー

包丁を使わずすぐできる！

- 材料（1人分）

まいたけ ……… 3〜4枚
塩・こしょう … 各少々
ごま油 …………… 少々

- 作り方

1 まいたけは食べやすい大きさにほぐす。
2 フライパンにごま油をひいて熱し、1を入れて塩・こしょうをふって炒める。
3 まいたけに火が通ったら火を止める。

しめじのソテー

シンプルなおいしさ！

- 材料（1人分）

しめじ ……………………………… 15本
塩・こしょう ……………………… 各少々
サラダ油 …………………………… 少々

- 作り方

1 フライパンにサラダ油をひいて熱し、しめじを入れて炒める。
2 塩・こしょうをふり、少し炒めたら火を止める。

ひじきとさつま揚げの煮物

手軽に作れる素朴な味！

- 材料（1人分）

さつま揚げ …………… 1枚
ひじき ………… 小さじ2
めんつゆ（希釈したもの）
………………… 50ml

- 作り方

1 さつま揚げは5mm幅に切る。
2 小鍋にめんつゆ、1、ひじきを入れて3分煮る。
3 火を止めて味をなじませる。

COLUMN 2

世界のお弁当事情

世界のお弁当文化はどれもその国の歴史や
ライフスタイルが色濃く反映されています。
また、近年では世界各国から日本のお弁当が注目されています。

アメリカのランチは簡素第一

アメリカでは、ランチは一般的に「空腹さえ満たせればよい」と考えられており、市販のクラッカーやポテトチップス、果物などを持参して食べることが多いようです。ブラウンバッグと呼ばれる茶色の小さな紙袋が使い捨てのランチバッグとして使用され、これはスーパーマーケットで大量に売られています。軽くてかさばらず、食べたらそのまま捨てられるという手軽さから、大人も子どもも通勤・通学・行楽などに利用しています。

世界に広がる日本のお弁当文化

海外でも「お弁当」文化が広まっています。ヨーロッパやアジアの主要都市にお弁当の専門店があったり、英語やフランス語の辞書の中には『bento』が載っているものも。広まったきっかけといわれているのは、日本の漫画やアニメから。朝、出かける前におにぎりやお弁当を作って持参したり、学校でお弁当を食べる場面は海外の人々の目に新鮮に映ったようです。

各家庭からお弁当を運ぶ職業があるインド

インドでは「ダッバー」というお弁当箱が主流です。「ダッバー」は段重ねの金属製のお弁当箱で、ごはんや汁物、揚げ物などの副菜を分けて入れることができます。お弁当箱を運ぶ「ダッバーワーラー」という職業があり、各家庭からお弁当を集めて各自の職場まで届け、食べ終わったら回収して家庭に戻します。インドでは宗教によって禁忌の食品があるため、お弁当は家族が作った確かなものでなければならない、という背景からこの形式が主流となりました。

第3章

＼ ボリューム満点！ ／

のっけ弁当と丼弁当

ごはんの上に大胆にボリュームのあるおかずをのせたり、
最初から丼のお弁当にすることで
詰め方を考える時間を省けます。
お弁当箱を開けたときの迫力もあり、
思わずうれしくなること間違いなしです。

3章のお弁当作りの流れ

炊いておいたごはんを冷ます

タイマーで炊いておいたごはんを、ラップをしいたバットの上にのせ、粗熱がとれるまで冷ます。

おかずを作って冷ます

おかずを記載のレシピの通り作り、完成したら粗熱がとれるまで冷ます。

各レシピに記載の順番で詰める

おかずを詰める順番　副菜から
❶ 副菜：ほうれん草と桜エビのごま和え
❷ 副菜：れんこんの白すりごまマヨ和え
❸ 主菜：しょうゆ鶏

弁当箱にごはんを盛り、「おかずを詰める順番」の手順通りにおかずを詰める。P34～35「お弁当の盛りつけ方」も参考にする。

のり弁当

しょうゆで味をつけたのりをごはんにのせる。
それだけで、リピートしがちなおかずがいつもと違うお弁当に。
和の味つけによく合う定番弁当です。

MENU

主菜：しょうゆ鶏（→P46）

副菜：れんこんの白すりごまマヨ和え（→P94）

副菜：ほうれん草と桜エビのごま油和え（→P83）

のり弁当

● 材料（1人分）

のり ………………………………… 1枚
しょうゆ ……………………………… 適量

● 作り方

1 のりをしょうゆにひたす

のりは弁当箱の大きさに合わせて切る。しょうゆを皿に入れ、のりの片面をまんべんなくひたす。

> のりにしょうゆをまんべんなくつけるために、のりが入る大きさの皿かバットにしょうゆを入れてください。

2 ごはんにのりをのせる

弁当箱にごはんを詰め、冷めたらその上にのりを、しょうゆをひたした側を下にしてのせる。

3 副菜から詰める

おかずを弁当箱に詰める。

おかずを詰める順番　副菜から
1. 副菜：ほうれん草と桜エビのごま油和え
2. 副菜：れんこんの白すりごまマヨ和え
3. 主菜：しょうゆ鶏

🎁 お弁当のポイント

かつお節やねぎを散らしてからのりをのせたり、ふりかけをかけた上から千切ったのりをのせるなど、色々なアレンジで楽しめます。のりの上に主菜をのせると見栄えのいいのり弁当になります。

肉そぼろ弁当

電子レンジ調理でひき肉の旨みが凝縮されて味もしっかり染み込みます。調味料はとってもシンプル。たっぷり作って保存もできる、心強いおかずです。

MENU
- 主菜：肉そぼろ
- 副菜：ゆでブロッコリー（→P86）
- 副菜：ゆで卵（スライス・七味がけ）（→P93）

 お弁当のポイント

今回は合いびき肉で作っていますが、ひき肉の種類は問いません。鶏ひき肉を使う場合は、砂糖を少し多めに入れるのがおすすめです。今回、ゆで卵はスライスして七味をかけてアレンジしました。

肉そぼろ

● 材料（作りやすい分量）

ひき肉（お好きなもの）……… 300g
しょうゆ ………………………… 大さじ4
砂糖 ……………………………… 大さじ3

 電子レンジ

● 作り方

1 レンジで加熱する

耐熱ボウルにひき肉を入れ、しょうゆと砂糖を加えてスプーンでよく混ぜる。ラップをふんわりとかけて電子レンジ（600W）で3分加熱する。

> 調味料とひき肉をしっかり混ぜ合わせておくことで、加熱したときに味が全体になじみやすくなります。

2 2回目の加熱

取り出してスプーンの背でひき肉の固まっている部分をほぐしながら混ぜ、再びラップをかけて電子レンジで2分加熱する。

3 3回目の加熱

取り出して**2**と同じようにほぐし、さらにラップをかけて電子レンジで2分加熱する。取り出して全体がなじむように混ぜたら、粗熱が取れるまで冷ます。

> 3回電子レンジで加熱することで、ひき肉に完全に火が通ります。

4 主菜から詰める

冷ましている間にごはんを弁当箱に詰め、冷めたらごはんの上に肉そぼろをのせる。

おかずを詰める順番　主菜から

❶ 主菜：肉そぼろ
❷ 副菜：ゆでブロッコリー
❸ 副菜：ゆで卵（スライス・七味がけ）

豚丼弁当

味つけは焼き肉のたれとみりんだけですが
少し甘辛い、ごはんとよく合う味に。
豚肉に玉ねぎとなすを合わせて食べ応えも満点です。

MENU
主菜：豚丼
副菜：ゆでほうれん草
（かつお節のせ）
（→P86）

お弁当のポイント
副菜のゆでほうれん草はかつお節をかけて
アレンジしました。

豚丼

● 材料（1人分）

豚薄切り肉（焼き肉用）	40g
玉ねぎ	1/4個
なす	1/4本
焼き肉のたれ、みりん	各小さじ2
サラダ油	少々

フライパン

● 作り方

1 材料を切る

玉ねぎは1cmのくし形切りにする。なすは短冊切りにする。

2 フライパンに具材を並べる

火をつけずにフライパンにサラダ油をひき、玉ねぎとなすを入れてその上に豚肉を広げてのせる。

> 火をつける前にこのように入れることで、野菜は蒸し焼き状態になり、豚肉は焦げなくなります。

3 加熱する 中火

フライパンを中火にかけ、豚肉に7割ほど火が通ったら全体をよく炒める。

> 炒めながら加熱するとそれぞれの具材の水分が飛んでしまうため、7割程度火が通るまでは触らないようにしましょう。

4 調味料を加えて炒める

焼き肉のたれとみりんを加えて炒める。全体になじんだら火を止めて、粗熱が取れるまで冷ます。

5 主菜から詰める

冷ましている間にごはんを弁当箱に詰め、冷めたらごはんの上にのせる。

おかずを詰める順番　主菜から

1. 主菜：豚丼
2. 副菜：ゆでほうれん草（かつお節のせ）

第3章　のっけ弁当と丼弁当

親子丼弁当

フライパンひとつでできる親子丼。
甘辛い味つけでごはんとよく合います。
お弁当なので卵は半熟ではなく、完全に火を通しましょう。

MENU
主菜：親子丼
副菜：いんげんの黒ごま和え（→P85）

親子丼

● 材料（1人分）

鶏もも肉	1/4枚
玉ねぎ	1/8個
しめじ	1/6株
卵	1個
A めんつゆ（2倍希釈）	大さじ1
水	大さじ2

フライパン

● 作り方

1 材料を切る

玉ねぎは1cm幅に切る。鶏肉はひと口大に切る。しめじはほぐす。卵は溶いておく。

2 加熱する　中火

フライパンに鶏肉、玉ねぎ、しめじ、**A**を入れて中火にかけ、鶏肉に火が通るまで煮たら溶いておいた卵をまわし入れる。

3 フタをして煮る　弱火

フタをして弱火で1分煮る。火を止めて余熱で完全に火を通す。フタを取り、粗熱が取れるまで冷ます。

4 主菜から詰める

冷ましている間にごはんを弁当箱に詰め、冷めたらごはんの上にのせる。

おかずを詰める順番　主菜から

❶ 主菜：親子丼
❷ 副菜：いんげんの黒ごま和え

焼き鳥弁当

鶏肉と長ねぎを切って焼いて、
砂糖1：しょうゆ2：酒2の割合で味つけするだけの
覚えやすい簡単レシピです。

MENU
- 主菜：焼き鳥
- 副菜：卵焼き（→P78）
- 副菜：にんじんのきんぴら（→P87）

焼き鳥

● 材料（1人分）

鶏もも肉 …………………… 1/4枚
長ねぎ ……………………… 10cm
酒 …………………………… 小さじ2
A ┌ 砂糖 ……………………… 小さじ1
　└ しょうゆ …………………… 小さじ2
サラダ油 …………………… 少々
七味唐辛子（お好みで）……… 適量

フライパン

● 作り方

1 材料を切る

長ねぎは2cm長さに切る。鶏肉はひと口大に切る。Aは混ぜ合わせておく。

2 焼く　中火

フライパンにサラダ油をひいて、鶏肉と長ねぎを並べ入れて中火で焼き、両面に焼き色がつくまで焼く。

> 長ねぎに焼き色の線がつくくらいまで焼きましょう。

3 蒸し焼きにする

酒を加えてフタをして、1分蒸し焼きにする。

4 調味料を煮絡める

Aを加えて全体に絡め、汁気がほぼなくなったら火を止める。粗熱が取れるまで冷ます。お好みで七味唐辛子をふる。

5 主菜から詰める

冷ましている間にごはんを弁当箱に詰め、冷めたらごはんの上にのせる。

おかずを詰める順番　主菜から

❶ 主菜：焼き鳥
❷ 副菜：卵焼き
❸ 副菜：にんじんのきんぴら

オムレツ弁当

具を混ぜて焼くだけのオムレツですが
まるごとのっければメイン級の大ボリューム。
具材を変えてアレンジしてもおいしいです。

MENU
- 主菜：オムレツ
- 副菜：お花形ウインナー（→P91）
- 副菜：塩もみきゅうりのごま和え（→P83）

オムレツ

● 材料（1人分）

卵	2個
かに風味かまぼこ	3本
小ねぎ	1本
A みりん	大さじ1
塩・こしょう	各少々
コンソメスープの素（顆粒）	少々
サラダ油	少々

フライパン

● 作り方

1 具材の準備 中火

かに風味かまぼこは軽くさいてサッとフライパンで炒める。小ねぎは1cm幅に切る。

> かに風味かまぼこがフライパンにくっつくのが気になる場合は、サラダ油少々をひいて炒めてください。

2 卵と具材を混ぜる

ボウルに卵を割りほぐし、1とAを加えてよく混ぜる。

3 焼く 強火 → 中火

フライパンにサラダ油をひいて強火で熱し、熱くなったら中火にして2を流し込む。手早く全体をかき混ぜる。

4 成形する

8割ほど火が通ったら折りたたんで半月形に成形する。

> フライ返しを使って折りたたむと、きれいに作れます。

5 火を通す 弱火

弱火で火が通るまで焼き、裏返して火を止めて、余熱で完全に火を通す。フライパンから取り出し、粗熱が取れるまで冷ます。

6 主菜から詰める

冷ましている間にごはんを弁当箱に詰め、冷めたらごはんの上にのせる。

おかずを詰める順番　主菜から

① 主菜：オムレツ
② 副菜：お花形ウインナー
③ 副菜：塩もみきゅうりのごま和え

豚肉の砂糖じょうゆ炒め弁当

油をひかずに豚肉を焼くことで
カリッと香ばしくなり、調味料もよく絡むようになります。
ごはんと相性抜群の甘辛味がうれしい一品です。

MENU

主菜：豚肉の砂糖じょうゆ炒め

副菜：厚揚げとチンゲン菜のソテー（→P82）

豚肉の砂糖じょうゆ炒め

● 材料（1人分）

豚バラ薄切り肉 …………………… 80g
A[砂糖、しょうゆ ……… 各小さじ2
白炒りごま ………………………… 少々

フライパン

● 作り方

1 豚肉を切る

豚肉は2cm幅に切る。Aは混ぜ合わせる。

2 焼く　中火

フライパンに1を広げて中火にかけ、両面を焼く。余分な油はペーパータオルで拭き取る。

> 焼いている内に豚肉から脂が出てくるので、フライパンには油をひかなくてよいです。

3 調味料を加えて絡める

Aを加えて、汁気がなくなるまで絡める。火を止めて、白炒りごまをふって混ぜ、粗熱が取れるまで冷ます。

4 主菜から詰める

冷ましている間にごはんを弁当箱に詰め、冷めたらごはんの上にのせる。

おかずを詰める順番　主菜から

❶ 主菜：豚肉の砂糖じょうゆ炒め
❷ 副菜：厚揚げとチンゲン菜のソテー

第3章　のっけ弁当と丼弁当

豚肉と野菜の味噌炒め弁当

野菜たっぷりのボリュームも栄養もバッチリな一品。
フライパンだけでできるので、忙しい朝の味方です。
調味料を変えたり、入れる野菜を変えてアレンジしてみて。

MENU
主菜：豚肉と野菜の味噌炒め
副菜：アスパラベーコン（→P91）

豚肉と野菜の味噌炒め

● 材料（1人分）

豚肉	40g
ピーマン	1/2個
パプリカ	1/8個
なす	1/2個
A［味噌、みりん	各小さじ1
砂糖	小さじ1/2
ごま油	少々

フライパン

● 作り方

1 材料の準備

ピーマン、パプリカ、なすは乱切りにする。豚肉はひと口大に切る。Aは混ぜ合わせる。

2 焼く　中火

フライパンにごま油をひき、豚肉を広げて入れ、中火にかける。

3 野菜を加える

豚肉に火が通ったらピーマン、パプリカ、なすを加えて炒める。

4 調味料を加えて絡める

Aを加えて全体に絡め、汁気がなくなるまで全体になじませたら火を止めて冷ます。

5 主菜から詰める

冷ましている間にごはんを弁当箱に詰め、冷めたらごはんの上にのせる。

おかずを詰める順番　主菜から
❶ 主菜：豚肉と野菜の味噌炒め
❷ 副菜：アスパラベーコン

COLUMN 3

お弁当の豆知識

お弁当の語源や、鉄道旅行でおなじみの「駅弁」、
お弁当の種類のひとつである「幕の内弁当」について
豆知識を紹介します。

お弁当の語源は中国語で「便利なこと」

中国語で「好都合」や「便利なこと」を意味する「便當」という言葉が、お弁当の語源とされています。これは中国南宋時代の造語であり、日本に伝わって「便道」「弁道」などの漢字が当てられたようです。その後、安土桃山時代に「弁(そな)えて用に当てる」という意味から、現在の「弁当」表記となりました。

明治時代から始まった「駅弁」

「駅弁」の始まりは、鉄道が敷設された明治時代。1885年、大宮〜宇都宮間が開通した際、宇都宮のとある旅館が駅で弁当を売り始めたのが最初の駅弁とされることが多いようですが、諸説あるようです。当時の駅弁はおにぎり2個とたくあんを竹の皮で包んだだけの、とてもシンプルなものだったのだとか。

庶民の娯楽と共に広まった「幕の内弁当」

お弁当の定番である幕の内弁当ですが、発祥は江戸時代中期だといわれています。庶民の間で芝居鑑賞や相撲観戦が流行し、鑑賞の合間に食べるお弁当が求められるようになりました。当初はおにぎりなどが売られていたようですが、次第におにぎりとおかずをひとつの容器にまとめて提供する、現在の形式に発展しました。また、「芝居の幕と幕の間(休憩時間)に食べる」という意味から「幕の内弁当」と呼ばれるようになったようです。

第4章

当日ラクできる！
作りおきで作るお弁当

イチからおかずを作るのは面倒という人でも大丈夫。
買い物に行った後や夕食を作る際にまとめて作っておける、
作りおきのレシピをご紹介します。当日は温めたり、
ちょっとだけ追加調理をして詰めるだけなので
お弁当作りがラクになり、未来の自分を助けてくれます。

4章のお弁当作りの流れ

作りおきおかずを作って保存しておく
作りおきおかずを記載のレシピの通り作り、完成したら完全に冷めるまで冷ましてから冷蔵または冷凍保存する。

ごはんを冷ます
タイマーで炊いておいたごはんを、ラップをしいたバットの上にのせ、粗熱がとれるまで冷ます。

おかずを再加熱し、粗熱が取れるまで冷ます
保存しておいた作り置きおかずを温め、場合によっては追加調理をして、完成したら粗熱がとれるまで冷ます。

各レシピに記載の順番で詰める
弁当箱にごはんを盛り、「おかずを詰める順番」の手順通りにおかずを詰める。P34〜35「お弁当の盛りつけ方」も参考にする。

おかずを詰める順番 主菜から
1. 主菜：鶏肉とごぼう炒め
2. 副菜：アスパラマヨカレー風味
3. 副菜：にんじん甘煮

\ 週末頑張って時短！ /

作りおきの基礎知識

まとめて作っておけば、使うときにラクな作りおきですが
調理方法や保存方法によって、おいしさやどれくらい日持ちするかが変わります。
おいしく、長く保存するための調理のポイントや保存のコツを紹介します。

作りおきのポイント

冷蔵・冷凍保存をする作りおきの調理は、
時間が経ってもおいしく食べられる工夫やひと手間が必要です。

point 01
汁気はしっかりと切るか煮詰めて少なめに

水分が多いと菌が繁殖しやすくなるため、食材は水気をしっかり切ってから調理してください。炒め物や焼き物、煮物などは煮詰めて汁気をできるだけ飛ばすことで、より日持ちするようになります。

point 02
食材は必ず中まで火を通す

食材についている菌は加熱すると減らすことができますが、加熱が甘いと保存中に菌が繁殖しやすくなってしまいます。そのため、中までしっかりと火を通しておくことが大切です。食中毒を予防するための大切なひと手間です。

point 03
味つけは少し濃いめに

しょうゆや塩、砂糖などの調味料は保存性を高める効果があるため、作りおきおかずを調理する際は普段の食事よりも少しだけ濃いめに味つけしましょう。お弁当に詰めたときも、冷めてもおいしく食べられますよ。

保存性を高める！

point 04
酢やスパイスで保存性を高める

酢や梅干し、レモン、こしょう、わさび、唐辛子、にんにくなどの調味料や食材は殺菌効果があるため、おかずがより日持ちしやすくなります。また、おかずの味つけをアレンジできたり、風味をプラスすることができるのでおすすめです。

冷蔵保存のポイント

冷蔵保存する作りおきは2〜3日程度を目安に早めに使いましょう。
それ以上の期間で保存しておきたい場合は冷凍保存がおすすめです。

point 01

保存容器はよく洗って清潔を保つ

菌の繁殖を防ぐ！

作りおきおかずを保存容器に入れて冷蔵保存する際は、保存容器はしっかり洗って乾燥させた、清潔な状態のものを使用します。保存容器を熱湯で煮沸消毒したり、アルコールスプレーをかけて除菌しておくといいでしょう。

point 02

完全に冷ましてから冷蔵室へ入れる

調理してすぐのまだ温かい状態のおかずをそのまま冷蔵保存してはいけません。容器や袋の中に蒸気がついてしまい、傷みの原因となります。おかずが完全に冷めていることを確認してから冷蔵保存しましょう。

point 03

用途に合った保存容器を選ぶ

作りおきおかずを冷蔵保存する場合は、軽くて扱いやすいプラスチック製の保存容器や、色や匂い移りのしやすいものの保存に適したガラス製やホーロー製の保存容器などがおすすめ。一方でプラスチック製は色や匂いがつきやすく、ホーロー製は電子レンジでの加熱ができないなどの注意点もあるため、作りおくおかずによって上手に使い分けましょう。

point 04

冷蔵室の中は詰め込みすぎない

時間があるときにまとめて調理しておきたい作りおきですが、作りすぎには注意しましょう。冷蔵室は実は空気の流れが悪いと冷えにくいため、詰め込みすぎず、7割程度入っているのがベストな状態。すぐに使わないものは冷凍保存にするなど、冷蔵庫の状況を確認してから調理をしましょう。

冷凍室はすき間なく入れた方が◎

冷凍室はあまりすき間がない状態がベスト。凍った食品自体が保冷材の働きをしてお互いを冷やし合うため、冷凍室を開けたときの温度上昇を防ぐことができ、温度変化による品質の劣化を防いで、電気代の節約にもなります。

冷凍保存のポイント

冷蔵するよりも長く保存できますが、保存状態が悪いと解凍したときにおいしさが損なわれてしまう場合も。きちんとポイントを押さえましょう。

できるだけ空気に触れないようにする

空気に触れた状態で冷凍されると霜がつきやすくなり、雑菌が繁殖する原因に。また、肉や魚の場合は脂が酸化してしまい、味が落ちてしまいます。冷凍用保存袋を使用する際は、空気を抜くように手で押し出してから袋の口を閉じるようにしてください。

内容と日付を書いてわかりやすく

冷凍保存する際に、冷凍用保存袋にあらかじめ内容と日付を書いておくことで、冷凍室から取り出すときに「これはなんだっけ……?」「いつ冷凍したおかずだったかな?」などと悩まずに、使いたいものをサッと取ることができ、扉を開けたときの冷凍室内の温度上昇を抑えられます。

はっきり書いて読みやすく!

スピーディーに凍らせる!

バットにのせて冷凍室に入れる

冷凍保存をする際は、できるだけ早く冷凍することがおいしさの秘訣。バットの熱伝導率を利用すれば、食品をより早く凍らせることができるので、冷凍保存の際はバットにのせて冷凍室に入れましょう。食品が凍ったらバットは取り出して構いません。

冷凍焼けとは?

冷凍保存している食品から水分が蒸発して乾燥してしまう現象のこと。パサついた食感になり、食品の表面が白っぽくなったり、変色したり、冷凍庫内の匂いが移ってしまう場合も。空気をできるだけ抜いたり、水分を少なめにすることで、できるだけ冷凍焼けを防ぎましょう。

解凍する方法

主な解凍方法は4つありますが、お弁当のおかずを解凍するときは冷蔵室での解凍と電子レンジ解凍の2つをよく使います。

point 01 冷蔵室での解凍

皿やバットにのせて冷蔵室に入れておく方法で、解凍できるまでに時間がかかるので、翌日使いたいものを解凍するときにおすすめです。低温でゆっくり解凍できるため、味が落ちにくく、冷蔵室の中なので食材が傷むこともなく、失敗がありません。解凍の基本の方法です。

前日準備のときにやっておく！

当日に解凍したいときに！

point 02 電子レンジで解凍

冷凍した食品をすぐに使いたいときはこの方法。加熱が足りずに部分的に冷たいままだったり、逆に加熱しすぎてしまわないようにこまめに様子を見るようにすると失敗が少なくなります。電子レンジの機種によっては解凍機能が備わっているため、確認しておくといいでしょう。

point 03 室温で解凍

バットの上に食品の入った冷凍用保存袋をのせて、室内に置いておく方法です。加熱調理したおかずやソース類などの解凍に適しており、冷蔵庫解凍よりも比較的早く解凍できますが、暑い季節など、時期によっては解凍中に傷んでしまう可能性があるので、部屋の温度管理に注意が必要です。

point 04 流水で解凍

ボウルやバットなどに水を入れて食材が入った冷凍用保存袋が浸るようにし、水を流しながら解凍します。電子レンジでは部分的に火が通りすぎてしまう場合があり、冷蔵室よりも早く解凍できるためこの方法がおすすめ。袋が浮いてくる場合は、皿などを上に置いて、すべての面が水に触れるようにしましょう。

再冷凍はNG！

解凍したものを使わなかったり使い切れなかった場合でも、再度冷凍するのはやめましょう。解凍した食材の中では雑菌が繁殖しやすく、食中毒の原因になってしまいます。また、一度解凍してしまったら再度冷凍することで風味が飛んでしまったり、水分が出てしまうため、おいしさが損なわれてしまいます。

\ 作りおき /
鶏肉とごぼう炒め

保存期間
- 冷蔵 5日間
- 冷凍 3週間

● 材料（作りやすい分量）

ごぼう	1本
鶏もも肉	1枚
A しょうゆ、みりん	各大さじ2
砂糖	小さじ1
ごま油	大さじ1
輪切り唐辛子	お好きな量

フライパン

● 作り方

1 ごぼうを切る

ごぼうは細切りにする。

2 ごぼうを水にさらす

1をたっぷりの水にサッとさらしてざるにあける。

ごぼうはアクが強く、切り口が空気に触れると茶色く変色し、独特の風味が出るため、切った直後に水にさらしてアク抜きをします。

3 鶏肉を切る

鶏肉は2cm程度の大きさに切る。

> 細切りのごぼうと食べやすいように、鶏肉は小さめに切ります。

4 ごぼうを焼く 中火

フライパンにごま油をひいて中火で熱し、ごぼうを入れて炒める。

5 鶏肉を加える

ごぼうに火が通ったら鶏肉を加えてよく炒め、火が通ったら輪切り唐辛子を加える。

6 調味料を加えて炒める

全体に火が通ったらAを加えて、汁気がほぼなくなるまでよく炒める。

> お弁当では汁気があると傷みの原因となるため、できるだけ煮詰めて汁気をなくしておきます。

第4章 作りおきで作るお弁当

7 保存する

> **お弁当のポイント**
>
> ごはんに合うしっかりとした味つけなので、お弁当に最適なおかず。輪切り唐辛子は辛いのが苦手でなければ、味のアクセントになるのでぜひ入れてください。

完全に冷めたら保存容器に移す。

ここから当日準備！

主菜から詰める

弁当に詰める分だけ取り出し、電子レンジなどで加熱して冷ましてから弁当箱に詰める。

おかずを詰める順番 主菜から

① 主菜：鶏肉とごぼう炒め
② 副菜：アスパラマヨカレー風味
③ 副菜：にんじん甘煮

他のお弁当箱ならこう詰める！

 円形

お弁当箱のカーブに沿うように鶏肉とごぼう炒めを詰めたら、左側に青じそをしいてにんじん甘煮、アスパラマヨカレー風味の順に詰める。

おかずを詰める順番 主菜から

① 主菜：鶏肉とごぼう炒め
② 副菜：にんじん甘煮
③ 副菜：アスパラマヨカレー風味

完成！

鶏肉とごぼう炒め弁当

鶏肉の旨みとごぼうの食感が楽しい一品で
ごはんによく合う安心できる味です。
副菜は赤と白で彩りもバッチリ。

MENU

主菜：鶏肉と
　　　ごぼう炒め

副菜：アスパラマヨ
　　　カレー風味
　　　（→P95）

副菜：にんじん甘煮
　　　（→P90）

\ 作りおき /
からあげ

保存期間
- 冷蔵 5日間
- 冷凍 3週間

● 材料（作りやすい分量）

鶏もも肉	1枚
A [しょうゆ	大さじ1
[ごま油	大さじ1/2
片栗粉	適量
揚げ油	適量

鍋

● 作り方

1 鶏肉を切る

鶏肉は食べやすい大きさに切る。

> 大きくてボリュームのあるからあげもおいしいですが、今回はお弁当に詰めることを考えて、やや小ぶりなサイズにしましょう。

2 鶏肉の下ごしらえ

ボウルに1とAを入れ、しっかりと混ぜ合わせる。

> ここでしっかりと混ぜ合わせることによって鶏肉に味が染み込み、シンプルな調味料でも旨みたっぷりなからあげになります。

3 片栗粉をまぶす

2に片栗粉をまぶしつける。

> 片栗粉が鶏肉にしっかりまとわりつくように、くるくると回しながら片栗粉をまんべんなく全体につけたら鶏肉を丸くしてギュッとにぎり込みましょう。

4 揚げ油の準備 ♦♦♦ 中火

揚げ油を入れた鍋を中火にかけ、170℃にする。

> 油の量は揚げる食材全体がかぶるくらい、油の温度は菜箸を入れて少し空気の泡が上がってくるくらいが目安です。

5 揚げる

3を重ならないように入れ、そのまま動かさずに揚げる。

> 揚げ油に入れてすぐに触ってしまうと衣がはがれやすくなるため、しばらくは触らずに置いておきましょう。

6 裏返す

途中で裏返し、全体がきつね色になるまで揚げたらざるに取る。

7 保存する

からあげが重ならないように置いて冷まし、完全に冷めたら保存容器に移す。

ここから当日準備!

主菜から詰める

弁当に詰める分だけ取り出し、電子レンジなどで加熱してから冷まします。冷ましている間に弁当箱にごはんを詰めて、仕切りカップを入れる。冷めたら弁当箱に詰める。

おかずを詰める順番 主菜から

1. 主菜:からあげ
2. 副菜:ゆで卵あらほぐしマヨネーズ和え
3. 副菜:ゆでほうれん草

他のお弁当箱ならこう詰める!

正方形

角を意識してまずからあげを入れたら、反対の角にあらほぐしゆで卵マヨネーズ和えを入れ、最後にゆでほうれん草を詰める。

おかずを詰める順番 主菜から

1. 主菜:からあげ
2. 副菜:あらほぐしゆで卵マヨネーズ和え
3. 副菜:ゆでほうれん草

円形

お弁当箱の丸みに沿わせながら左側にからあげを詰め、あらほぐしゆで卵マヨネーズ和えを右側に詰めたら中央にゆでほうれん草をのせる。

おかずを詰める順番 主菜から

1. 主菜:からあげ
2. 副菜:あらほぐしゆで卵マヨネーズ和え
3. 副菜:ゆでほうれん草

完成！
からあげ弁当

冷めてもおいしい、ジューシーなからあげは
お弁当の定番おかず。当日作るのは大変なので
時間のあるときにたくさん作っておきましょう。

MENU

- 主菜：からあげ
- 副菜：あらほぐしゆで卵マヨネーズ和え（→P93）
- 副菜：ゆでほうれん草（→P86）

第4章 作りおきで作るお弁当

\ 作りおき /
梅しそささみフライ

保存期間
- 冷蔵 3日間
- 冷凍 3週間

● 材料（作りやすい分量）

鶏ささみ ……………… 4枚
梅肉 ………… 梅干し1個分
青じそ ………………… 8枚
塩・こしょう ………… 各少々
A ┌ 水 ……………… 大さじ5
　│ 卵 ………………… 1個
　└ 薄力粉 ………… 大さじ6
パン粉 ………………… 適量
揚げ油 ………………… 適量

鍋

● 作り方

1 鶏肉の下ごしらえ

鶏肉は塩・こしょうをふってめん棒で叩いて薄くのばし、青じそ、梅肉、青じその順にのせて、もう一枚の鶏肉を重ねて形をととのえる。

> ささみの筋は加熱すると気にならなくなるので、取らなくても構いません。

2 衣をつける

1を混ぜ合わせたAにくぐらせ、パン粉をつける。

> Aはバッター液といい、揚げ物の具材にバッター液をまとわせたら、パン粉をつけるだけでそのまま揚げられます。小麦粉と卵をつける工程を省くことができ、粘度があって衣がはがれにくくなるのでおすすめです。

3 揚げ油の準備 中火

揚げ油を入れた鍋を中火にかけ、170℃にする。

> 油の量は揚げる食材全体がかぶるくらい、油の温度は菜箸を入れて少し空気の泡が上がってくるくらいが目安です。

4 揚げる

2を重ならないように入れ、そのまま動かさずに揚げる。

> 揚げ油に入れてすぐに触ってしまうと衣がはがれやすくなるため、しばらくは触らずに置いておきます。

5 裏返す

途中で裏返し、全体がきつね色になるまで揚げる。

6 保存する

バットに取って冷まし、完全に冷めたら保存容器に移す。

ここから当日準備！

主菜から詰める

弁当に詰める分だけ取り出し、電子レンジなどで加熱して冷ましている間に弁当箱にごはんを詰めて、仕切りカップを入れる。冷めたら詰めやすい大きさに切って詰める。

おかずを詰める順番　主菜から
1. 主菜：梅しそささみフライ
2. 副菜：卵焼き
3. 副菜：パプリカのごま和え

他のお弁当箱なら こう詰める！

長方形

ななめに盛ったごはんに青じそをしき、梅しそささみフライを並べるように詰めてから、手前に副菜2品を詰める。

おかずを詰める順番　主菜から
1. 主菜：梅しそささみフライ
2. 副菜：卵焼き
3. 副菜：パプリカのごま和え

正方形

ごはんを三角形に盛り、左側に梅しそささみフライ、手前の角に卵焼き、右側にパプリカのごま和えを入れる。

おかずを詰める順番　主菜から
1. 主菜：梅しそささみフライ
2. 副菜：卵焼き
3. 副菜：パプリカのごま和え

> 完成！

梅しそささみフライ弁当

梅と青じそがアクセントとなって、揚げ物なのに重たくない、
食欲をそそるささみのフライは、
冷めてもサクサクでおいしい、お弁当にぴったりな一品です。

MENU
- 主菜：梅しそささみフライ
- 副菜：卵焼き（→P78）
- 副菜：パプリカのごま和え（→P90）

\ 作りおき /
肉じゃが

保存期間
- 冷蔵　3日間
- 冷凍　3週間

● 材料（作りやすい分量）

豚薄切り肉（切り落とし）	150g
じゃがいも	3個
玉ねぎ	1個
にんじん	1本
しらたき	100g
A　しょうゆ	大さじ2と1/2
砂糖	大さじ2
酒、みりん	各大さじ1
水	100ml
サラダ油	小さじ2

鍋

● 作り方

1 材料を切る

豚肉とじゃがいもは食べやすい大きさに切る。玉ねぎはくし形切りにする。にんじんは乱切りにする。しらたきは食べやすい長さに切る。

2 具材を炒める
🔥 中火

鍋にサラダ油をひいて中火にかけ、豚肉、じゃがいも、玉ねぎ、にんじんを入れる。全体を少々炒めたら**A**を加えて全体になじませるように再び炒める。

3 煮る

2の具材の上にしらたきをのせ、フタをして10分煮る。

> しらたきはこのあとの工程で十分に味が染み込むので、ここでは混ぜ合わせなくてよいです。

4 再び煮る
🔥 弱めの中火

全体を軽く混ぜ、再びフタをして弱めの中火で5分煮る。

> 汁気が足りない場合は、水を少々加えてください。

5 軽く混ぜる

じゃがいもに火が通ったら火を止めて、全体を軽く混ぜる。

6 蒸らす

フタをして5分ほど蒸らす。

7 保存する

完全に冷めたら保存容器に移す。

ここから当日準備！

主菜から詰める

弁当に詰める分だけ取り出し、電子レンジなどで加熱して冷ます。冷ましている間に弁当箱にごはんを詰めて、仕切りカップを入れる。冷めたら弁当箱に詰める。

> 肉じゃがは水分による傷みを防ぐために、汁気をよく切ってから詰めましょう。

おかずを詰める順番　主菜から
1. 主菜：肉じゃが
2. 副菜：チンゲン菜のナムル
3. 副菜：にんじんラペ

他のお弁当箱なら こう詰める！

2段

ごはんとおかずは1：1、主菜と副菜2品は1：1のバランスは変わらず、肉じゃが、チンゲン菜のナムル、にんじんラペの順に詰める。

おかずを詰める順番　主菜から
1. 主菜：肉じゃが
2. 副菜：チンゲン菜のナムル
3. 副菜：にんじんラペ

だ円形

お弁当箱の手前に肉じゃがを詰めたら、真ん中の左側に青じそをしいてからにんじんラペをのせ、右側にチンゲン菜のナムルを詰める。

おかずを詰める順番　主菜から
1. 主菜：肉じゃが
2. 副菜：にんじんラペ
3. 副菜：チンゲン菜のナムル

完成！
肉じゃが弁当

具材を炒めてから煮ることで素材の旨みを引き出せます。
ほどよく味が染みたじゃがいもがおいしい
ほっとする味わいの肉じゃがです。

MENU
- 主菜：肉じゃが
- 副菜：チンゲン菜のナムル（→P82）
- 副菜：にんじんラペ（→P88）

\ 作りおき /
黒酢豚 & 味つき卵

鍋

保存期間
- 冷蔵 5日間
- 冷凍 3週間

● 材料（作りやすい分量）

豚バラブロック肉	200g
ゆで卵	3個
A 水	500ml
しょうゆ	100ml
黒酢	50ml
砂糖	大さじ6

● 作り方

1 豚肉を切る

豚肉は1.5cmの厚さに切る。

2 豚肉をゆでる 中火

鍋にたっぷりの湯を沸かし、1を中火で20分ゆでる。

> 豚肉のアクはここでは取らなくてよいです。

3 豚肉を水にさらす

豚肉を鍋から取り出して水にさらす。ペーパータオルで水気を切る。

> 水にさらすことでアクを洗い流すことができ、水気をしっかり切ることで味がよく染み込みます。

4 豚肉を煮る 中火

鍋にAを入れて中火にかけ、沸騰したら3を加えて10分煮る。

5 ゆで卵を加える

火を止めてゆで卵を加え、そのまま完全に冷めるまで冷ます。

6 保存する

保存容器に移し、煮汁にひたして保存する。

ここから当日準備！
主菜から詰める

弁当に詰める分だけ取り出し、電子レンジなどで加熱して冷ます。冷ましている間に弁当箱にごはんを詰めて、仕切りカップを入れる。冷めたら卵を半分に切り、弁当箱に詰める。

おかずを詰める順番　主菜から
1. 主菜：黒酢豚
2. 副菜：味つき卵
3. 副菜：パプリカと突きこんにゃくの甘辛炒め

他のお弁当箱なら こう詰める！

長方形

青じそを右側にしいてから黒酢豚をのせ、手前にパプリカと突きこんにゃくの甘辛炒めを詰めたら、左側に半分に切った味つき卵をのせる。

おかずを詰める順番　主菜から
1. 主菜：黒酢豚
2. 副菜：パプリカと突きこんにゃくの甘辛炒め
3. 副菜：味つき卵

第4章　作りおきで作るお弁当

完成！
黒酢豚＆味つき卵弁当

シンプルな調味料で煮るだけなので覚えやすく、豚肉はほろほろに、卵にも煮汁が染みて、ごはんによく合います。お弁当はもちろん、夕食のおかずにも。

MENU
- 主菜：黒酢豚
- 副菜：味つき卵
- 副菜：パプリカと突きこんにゃくの甘辛炒め（→P89）

お弁当のポイント
黒酢豚と味つき卵を詰める際は、しっかりと汁気を切ってから詰めましょう。水分はおかずが傷む原因になります。

\ 作りおき /
豚肉の
プルコギ風

フライパン

保存期間
- 冷蔵 3日間
- 冷凍 3週間

● 材料（作りやすい分量）

豚薄切り肉（切り落とし）	240g
にんじん	1/2本
ピーマン	1個
A ┌ しょうゆ	大さじ3
｜ 酒、ごま油	各大さじ2
└ コチュジャン、はちみつ、白すりごま	各大さじ1

● 作り方

1 材料の下ごしらえ

豚肉は1cm幅に切る。にんじんとピーマンは細切りにする。

2 漬ける

保存袋に1を入れ、Aを加えてもみ込み全体をなじませたら冷蔵庫でひと晩漬ける。

\ ここから当日準備！ /

🔥🔥🔥 中火

焼いて詰める

前日に漬けておいたものをフライパンに入れて中火にかけ、豚肉に火が通るまでよく炒める。火を止めてフライパンから取り出し、粗熱が取れるまで冷ます。冷ましている間に弁当箱にごはんを詰めて、仕切りカップを入れて副菜2品を詰め、冷めたら弁当箱に詰める。

おかずを詰める順番 副菜から

1. 副菜：塩もみきゅうりのごま和え
2. 副菜：アスパラベーコン
3. 主菜：豚肉のプルコギ風

> 第4章 作りおきで作るお弁当

〔 完成！ 〕
豚肉のプルコギ風弁当

前日に漬け込んでおくことで、
朝フライパンで炒めるだけの手軽でおいしい一品です。
冷凍しておけば、いざというときに活躍してくれますよ。

MENU
- 主菜：**豚肉のプルコギ風**
- 副菜：**アスパラベーコン**（→P91）
- 副菜：**塩もみきゅうりのごま和え**（→P83）

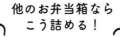
他のお弁当箱なら こう詰める！

だ円形

やや左寄りの手前に塩もみきゅうりのごま和えを詰めてからアスパラベーコンをごはんによりかかるように詰め、右側に豚肉のプルコギ風を詰める。

おかずを詰める順番 副菜から
1. 副菜：塩もみきゅうりのごま和え
2. 副菜：アスパラベーコン
3. 主菜：豚肉のプルコギ風

\ 作りおき /
ハンバーグ

保存期間
- 冷蔵 3日間
- 冷凍 3週間

● 材料（作りやすい分量）

牛豚合いびき肉	500g
パン粉、牛乳	各1カップ
塩・こしょう	各少々
卵	1個
サラダ油	少々
A ┌ 玉ねぎ	1/2個
└ サラダ油	小さじ1

【ソース（当日調理）】

B ┌ トマトケチャップ	小さじ2
└ ソース（お好きなもの）	小さじ2

フライパン

電子レンジ

● 作り方

1 パン粉と牛乳の下ごしらえ

パン粉と牛乳は混ぜ合わせておく。

> パン粉に牛乳を染み込ませておくことで、ハンバーグの仕上がりがふっくらとジューシーになります。

2 玉ねぎを切る

Aの玉ねぎをみじん切りにする。

> みじん切りの際は左手で玉ねぎのサイドを押さえるようにして切ると、玉ねぎがずれたりバラけずに切ることができます。

3 電子レンジで加熱する

耐熱容器に**A**を入れて混ぜ、ふんわりラップをかけて電子レンジ（600W）で2分加熱し、粗熱をとる。

4 混ぜて成形する

ボウルにひき肉を入れて塩・こしょうをふり、**1**、**3**、卵を加えてしっかりと練る。8等分にし、丸形にととのえて中央をへこませる。

真ん中を軽くへこませておくことで、中まで均一に火が通りきれいに焼き上がります。

5 中火 → 弱火　焼く

フライパンにサラダ油をなじませ、**4**を並べて中火にかける。焼き色がついたら裏返し、フタをして弱火にする。

6 火が通っているか確認する

竹串を刺し、透き通った肉汁が出てきたら火を止める。

肉汁が赤い場合はまだ中まで火が通っていない状態です。透明になるまでしっかり加熱しましょう。

7 保存する

完全に冷めたら保存容器に移す。

Bは当日準備で使用します。

ここから当日準備！

主菜から詰める

弁当に詰める分だけ取り出し、電子レンジなどで加熱して、混ぜ合わせて加熱した**B**をかけて冷ます。冷ましている間に弁当箱にごはんを詰めて、仕切りカップを入れる。冷めたら弁当箱に詰める。

おかずを詰める順番　主菜から

1. 主菜：ハンバーグ
2. 副菜：小松菜の卵炒め
3. 副菜：ブロッコリーの塩昆布和え

他のお弁当箱ならこう詰める！

円形

やや右側にごはんに寄りかかるようにハンバーグをのせ、小松菜の卵炒めとブロッコリーの塩昆布和えをそれぞれ手前に詰める。

おかずを詰める順番　主菜から

1. 主菜：ハンバーグ
2. 副菜：小松菜の卵炒め
3. 副菜：ブロッコリーの塩昆布和え

だ円形

右側にハンバーグを丸ごとひとつ入れ、小松菜の卵炒めを手前に詰めたら左側のスペースにブロッコリーの塩昆布和えを詰める。

おかずを詰める順番　主菜から

1. 主菜：ハンバーグ
2. 副菜：小松菜の卵炒め
3. 副菜：ブロッコリーの塩昆布和え

> 完成！

ハンバーグ弁当

しっかり練ってから成形することで
肉汁をたっぷり閉じ込めて、
ひき肉の旨みが感じられるハンバーグになります。

MENU
- 主菜：ハンバーグ
- 副菜：小松菜の卵炒め（→P86）
- 副菜：ブロッコリーの塩昆布和え（→P84）

\ 作りおき /
鶏つくね

保存期間
- 冷蔵 3日間
- 冷凍 3週間

● 材料（作りやすい分量）

A
- 鶏ひき肉 ………………… 200g
- 長ねぎ …………………… 15cm
- 片栗粉 …………………… 小さじ2
- しょうゆ ………………… 小さじ1/2
- ごま油 …………………… 少々
- 塩・こしょう …………… 各少々

サラダ油 …………………… 少々
青じそ ……………………… 適

【たれ（当日調理）】

B
- しょうゆ、みりん …… 各小さじ1
- 砂糖 ……………………… 小さじ1/2

フライパン

● 作り方

1 長ねぎを切る

Aの長ねぎはみじん切りにする。

2 肉だねを作る

ボウルにAを入れてよく混ぜ合わせる。

> 肉だねはこねすぎると硬い食感になってしまいます。全体が混ざって、少し粘り気が出るくらいになればよいです。

3 成形する

2を小さい小判形にととのえる。

4 焼く

弱めの中火

フライパンにサラダ油をひき、3を並べて弱めの中火にかけフタをする。

5 裏面を焼く

1〜2分焼いて焼き色がついたら裏返し、フタをする。裏にも焼き色がつくまで焼き、しっかりと火が通ったのを確認して火を止める。

6 保存する

粗熱がとれたら保存容器に移す。

青じそとBは当日準備で使用します。

> ここから当日準備！

💧💧💧 中火

たれを絡める

Bをフライパンに入れて沸騰させ、とろみが少し出るまで加熱したものを鶏つくね3個と絡める。火を止めて、フライパンから取り出す。

> 記載のBの分量は鶏つくね3個分の量のため、詰める量に合わせて調整してください。

青じそを巻く

完全に冷めたら青じそを巻く。

主菜から詰める

弁当箱にごはんを詰めて、仕切りカップを入れ、鶏つくねを詰める。

おかずを詰める順番 主菜から

❶ 主菜：鶏つくね
❷ 副菜：ひじきとさつま揚げの煮物
❸ 副菜：にんじんの甘煮

他のお弁当箱ならこう詰める！

長方形

左側に鶏つくねを並べるように詰めたら、右下の角に沿うようにひじきとさつま揚げの煮物を詰め、その上にんじん甘煮を詰める。

おかずを詰める順番 主菜から

❶ 主菜：鶏つくね
❷ 副菜：ひじきとさつま揚げの煮物
❸ 副菜：にんじん甘煮

円形

お弁当箱の丸みに沿うように鶏つくね→ひじきとさつま揚げの煮物の順に詰めたら、アクセントになるようににんじん甘煮を詰める。

おかずを詰める順番 主菜から

❶ 主菜：鶏つくね
❷ 副菜：ひじきとさつま揚げの煮物
❸ 副菜：にんじん甘煮

完成！
鶏つくね弁当

ややしっかりとした食感の
鶏つくねは食べ応えがあり、
甘辛いたれと青じそで食欲をそそる一品に。

MENU

主菜：鶏つくね
副菜：ひじきと
　　　さつま揚げの煮物
　　　（→P97）
副菜：にんじん甘煮
　　　（→P90）

第4章　作りおきで作るお弁当

\ 作りおき /
鮭のしょうゆ漬け

保存期間（焼いた状態）
- 冷蔵 3日間
- 冷凍 3週間

● 材料（作りやすい分量）

鮭（切り身）……………3枚
しょうゆ……………大さじ2
しょうが………薄切り5枚
サラダ油………………少々

● 作り方

1 しょうがの下ごしらえ

しょうがはせん切りにする。

2 鮭を漬ける

バットに鮭を並べて入れる。2にしょうゆと1を加えて全体になじませたら、冷蔵庫でひと晩漬ける。

> 漬けた状態の鮭は、2日以上使わない場合は、保存袋などに入れ替えて冷凍しましょう。

ここから当日準備！

弱めの中火
焼いて詰める

フライパンにサラダ油をひいて鮭を置き、弱めの中火にかけて焼く。焼き色がついたら裏返し、完全に火が通ったのを確認して火を止め、フライパンから取り出して粗熱が取れるまで冷ます。冷ましている間に弁当箱にごはんを詰めて、仕切りカップを入れる。冷めたら詰めやすい大きさに切り、副菜2品を詰めてから弁当箱に詰める。

おかずを詰める順番 副菜から

1. 副菜：お花形ウインナー
2. 副菜：パプリカとエリンギの乱切りオイスターソース炒め
3. 主菜：鮭のしょうゆ漬け

完成！
鮭のしょうゆ漬け弁当

鮭をしょうがとしょうゆで漬けるだけ！
しょうゆのコクとしょうがの風味で
焼くだけなのにお弁当にピッタリのおかずになります。

MENU
- 主菜：鮭のしょうゆ漬け
- 副菜：お花形ウインナー（→P91）
- 副菜：パプリカとエリンギの乱切りオイスターソース炒め（→P90）

第4章 作りおきで作るお弁当

他のお弁当箱ならこう詰める！

正方形

右の角にパプリカとエリンギの乱切りオイスターソース炒めを入れてからお花形ウインナーを詰め、左側のスペースに半分に切った鮭のしょうゆ漬けを詰める。

おかずを詰める順番 副菜から

1. 副菜：パプリカとエリンギの乱切りオイスターソース炒め
2. 副菜：お花形ウインナー
3. 主菜：鮭のしょうゆ漬け

\ 作りおき /

鶏肉と根菜の煮物

保存期間
- 冷蔵 5日間
- 冷凍 3週間

● 材料（作りやすい分量）

鶏もも肉	1枚
れんこん	大1節
にんじん	1本
ごぼう	15cm
砂糖	大さじ1
しょうゆ	大さじ2
サラダ油	少々
水	適量

鍋

● 作り方

1 具材を切る

鶏肉は食べやすい大きさに切る。れんこん、にんじん、ごぼうは乱切りにする。

2 炒める（中火）

鍋にサラダ油をひいて中火で熱し、1を入れて炒める。

3 水と調味料を加える

全体的に軽く炒めたら水をひたひたになるまで注ぎ、砂糖としょうゆを加える。

4 煮る（中火）

煮汁が1/3量になるまで、中火で10分ほど煮る。

5 保存する

完全に冷めたら保存容器に移す。

お弁当のポイント

ごぼうのアクはポリフェノールといわれる栄養素。このレシピではごぼう独特の風味を生かしたいため、アク抜きせずに調理します。

> ここから当日準備！

副菜から詰める

弁当に詰める分だけ取り出し、電子レンジなどで加熱して冷ます。冷ましている間に弁当箱にごはんを詰めて、仕切りカップを入れる。冷めたら副菜2品を詰めてから弁当箱に詰める。

おかずを詰める順番 副菜から

1. 副菜：ゆでほうれん草
2. 副菜：のり卵焼き
3. 主菜：鶏肉と根菜の煮物

他のお弁当箱なら こう詰める！

円形

のり卵焼きとゆでほうれん草を詰めたら、鶏肉と根菜の煮物をカーブに沿って詰める。

おかずを詰める順番 副菜から

1. 副菜：のり卵焼き
2. 副菜：ゆでほうれん草
3. 主菜：鶏肉と根菜の煮物

第4章 作りおきで作るお弁当

> 完成！

鶏肉と根菜の煮物弁当

根菜がたっぷり食べられる煮物はたくさん作りおきしておけば安心。栄養バランスのいい一品です。

MENU

- 主菜：**鶏肉と根菜の煮物**
- 副菜：**のり卵焼き**（→P81）
- 副菜：**ゆでほうれん草**（→P86）

これさえあれば大満足！
おにぎり & スープ

お弁当箱に詰める時間や余裕がなくても
おにぎりとスープが準備できれば豪華な食事のできあがり。
満足感たっぷりの組み合わせです。

基本のおにぎりの作り方

おにぎりを手でにぎるとごはんが多くなり、
大きなおにぎりになってしまうことも。
ボウルとラップを使えば量が定まり、手も汚れません。

● 材料（1個分）

ごはん ……………………… 100g
塩 …………………………… 適量
のり ………………………… 1枚

● 作り方

1 ごはんをよそう

小さめのボウルにごはんをよそう。

> ごはんは100gにすることで食べやすい大きさになり、ほどよいやわらかさなのに崩れにくいおにぎりになります。

\ 具を入れる場合 /

ごはんの真ん中あたりをしゃもじで軽くへこませ、具材をのせる。具を包むようにまわりのごはんをかぶせる。

> 具材を入れない塩むすびにするなら、この工程は飛ばします。

2 ラップにごはんをのせる

ラップをひろげ、左側のあたりに塩をひとつまみふる。その上にボウルをひっくり返し、ごはんをのせる。

3 ごはんに塩をふる

ごはんの上に塩をひとつまみふる。

4 にぎる

右側のラップをごはんにかぶせて包む。手のひらで一辺を下から支え、もう片方の手で三角形の山を作るようにやさしく形をととのえる。

5 のりを巻く

ラップをはずし、長い長方形に切ったのりをおにぎりの底に当てるように巻く。

> 出来上がったおにぎりは、ラップを外して冷まし、粗熱が取れたら別のラップに包んで持っていきましょう。

ふんわりと口当たりのいいおにぎりの完成！

手軽なアレンジで無限大!
おにぎりバリエーション

2〜4章で紹介したレシピや
手早くサッと作れるものを入れれば、
それだけでいろいろな味のおにぎりが作れます。

しょっぱさが食欲をそそる!

和風

間違いない組み合わせ!
梅おかかおにぎり

● 材料(おにぎり1個分)

ごはん	100g
梅干し	適量
かつお節	適量
のり	1枚

● 作り方

ほぐした梅干しとかつお節を混ぜ合わせ、おにぎりの具材にしてにぎる。のりを巻く。

> シンプルな梅おにぎりもおいしいですが、かつお節と混ぜることでかつお節の旨みと香りが加わるのでおすすめです。

じんわりとおいしさ広がる!
小ねぎおかかおにぎり

● 材料(おにぎり1個分)

ごはん	100g
小ねぎ	1/2本
かつお節	1g

● 作り方

小ねぎは小口切りにする。
ボウルにごはん、小ねぎ、かつお節を入れて混ぜ合わせてにぎる。

かつお節の風味と小ねぎがアクセントに!

和風

磯の香りがおいしい！
青のりしらすおにぎり

● 材料（おにぎり1個分）

ごはん ……………………… 100g
しらす ……………………… 大さじ1
青のり ……………………… 小さじ1

● 作り方

すべての具材を混ぜてにぎる。

絶対合う組み合わせ！

和風

おにぎりの定番！
鮭おにぎり

● 材料（おにぎり1個分）

ごはん ……………………… 100g
焼き鮭 ……………………… 1/3切れ
のり ………………………… 1枚

● 作り方

焼き鮭はほぐして、おにぎりの具材にしてにぎる。のりを巻く。

> 鮭はほぐしすぎずにごろっとさせても、細かくほぐして鮭フレークのようにしてもおいしいです。

おにぎりのザ・定番！

和風

ほんのりとした甘みとチーズのコク！
さつまいもチーズおにぎり

「見た目が可愛い！」

洋風

● 材料（おにぎり1個分）

ごはん ……………………… 100g
さつまいも … 1cm厚さの輪切り2枚
プロセスチーズ ……………… 15g
ごま塩 ………………………… 少々

● 作り方

さつまいもとチーズは1cm角に切る。さつまいもはゆでる。ボウルにごはん、さつまいも、チーズを入れて混ぜ合わせる。ごま塩をふってにぎる。

さつまいもとチーズの混ぜごはんおにぎり。ごま塩をふると、おいしくて見た目も可愛いおにぎりになります。

鶏肉の旨みたっぷり！
しょうゆ鶏おにぎり

● 材料（おにぎり1個分）

ごはん ……………………… 100g
しょうゆ鶏 …………………… 2切れ
のり …………………………… 1枚

● 作り方

しょうゆ鶏（P46）を食べやすい大きさに切り、おにぎりの具材にしてにぎる。のりを巻く。

「ジューシーな鶏肉の食べ応え！」

和風

> ついつい食べすぎちゃう！

シンプルな甘辛味！
肉そぼろおにぎり

● 材料（おにぎり1個分）

ごはん …………………… 100g
肉そぼろ ………………… 大さじ1
のり ……………………… 1枚

● 作り方

ごはんに肉そぼろ（P102）を混ぜてにぎる。のりを巻く。

和風

バターで炒めたコーンがおいしい！
枝豆コーンおにぎり

● 材料（おにぎり1個分）

ごはん …………………… 100g
枝豆 ……………………… 15粒
コーン（コーン缶）……… 20粒
バター …………………… 小さじ1/2

● 作り方

フライパンにバターを入れて熱し、コーンを加えて軽く炒める。ボウルにごはん、炒めたコーン、枝豆を入れて混ぜ合わせてにぎる。

> 緑と黄色が鮮やか！

洋風

おにぎりにしても相性抜群！
アスパラベーコンおにぎり

● **材料（おにぎり1個分）**

ごはん ……………………… 100g
アスパラガス ………………… 1本
ベーコン …………………… 1/2枚

● **作り方**

アスパラガスは洗って半分に切り、ラップで包んで電子レンジ（600W）で1分加熱する。ラップをはずしてサッと水にさらしてから1cm幅に切る。ベーコンは1cm幅に切り、フライパンで軽く炒める。ごはんにアスパラガスと軽く炒めたベーコンを加えて混ぜ合わせてにぎる。

旨みがたっぷりつまってる！

洋風

ボリュームたっぷりで満足度◎

食べ応え満点！
からあげおにぎり

● **材料（おにぎり1個分）**

ごはん ……………………… 100g
からあげ …………………… 2個

● **作り方**

からあげ（P126）をおにぎりの具材にしてにぎる。

> お弁当に詰める余裕がないときは、からあげをおにぎりの具にしてしまいましょう。お弁当用の小ぶりなからあげは、2個入れてボリューミーに。中にマヨネーズを絞ってにぎってもおいしいです。

和風

おにぎりのQ&A

忙しいときにもサッと作れますが、
食べるまでに時間が空くので衛生面には注意が必要です。

おにぎりの保存期間は？

冷たい状態で持ち歩くなら半日程度、冷蔵保存で1〜2日ほど持ちますが、なるべく早く食べることをおすすめします。必ず保冷剤や保冷バッグに入れるなど、持ち歩きの際の温度は気をつけましょう。

おにぎりの具に向かない食材は？

手作りのおにぎりの場合は、衛生面を考えるとお弁当箱に詰めるおかずと同様に、生ものや加熱が十分でない食材はもちろんNGです。また、油分や水分が多い具材は傷むのが早くなるので、できるだけ避けたほうがよいでしょう。

ラップとホイル、どちらで包むべき？

しっとり感やつぶれてもにぎりなおしやすいこと、そのままレンジ加熱できることを考えるとラップで包むのがおすすめです。ホイルはごはんがくっついて食べづらくなったり、レンジ加熱ができません。

崩れにくいおにぎりのポイントは？

具が大きいおにぎりや混ぜごはんのおにぎりは、食べている最中にぽろぽろと崩れてしまうことも。形をととのえるときに中心に向かって力をこめるイメージでやや強めに握ることで、崩れにくいおにぎりになります。

スープジャーの豆知識

おにぎりを食べるときに、ワンランク上のお弁当に。
温かいものにも、冷たいものにも使えるスープジャー、
ぜひ活用してみてください。

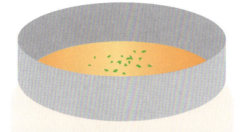

保温と保冷どちらもOK！

温度を保つ効果に優れたスープジャー。保温効果によって温かいスープはもちろん、**保冷効果もある**ため**サラダ**や**冷たい麺類**、**デザート**などの持ち運びもできる、優れた容器です。

熱湯を注げば保温効果アップ！

温かいスープを入れる場合は、**事前に熱湯を注いで中を温めておくと、スープジャーの保温効果をより高めることができます。**冷たいものを入れたい場合は逆に氷水を入れて冷やすと保冷効果がアップするので、覚えておきましょう。

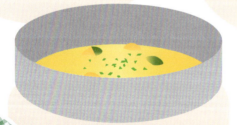

食べ終わったら早めにすすぐ！

食べ終わったスープジャーは**できるだけ早く水ですすいでおきましょう**。食べ終わった状態で放置してしまうと、カビや匂い移りの原因になってしまいます。持ち帰って自宅で洗うときは、パッキンを取り外し、それぞれの部品をやわらかいスポンジで、食器用中性洗剤を使用して洗ってください。

食べる時間は6時間以内に！

スープジャーは朝にスープなどを入れて、お昼に食べるなど、数時間の保存を想定しています。よって長時間の保温や保冷は難しく、**6時間以上経過すると保温・保冷力が弱まります。**スープジャーの中に入れた料理が少しずつ温度変化し、**長時間入れたままにしておくと腐敗してしまいます。**できる限り早く食べましょう。

スープジャーの構造

本体は口径が広くて食材が入れやすく、ステンレス製の真空断熱構造になっているため、中の熱を逃がさず、保温・保冷効果が持続します。しっかり密閉できるので、中の温度を長時間キープし、こぼれる心配もありません。

選び方

メーカーによって保温時間が異なるため、できるだけ保温力の高いものを選び、容量は普段の食事量に合った大きさのものを選びましょう。容量が多くなるとスープジャー自体も大きくなるため、成人女性であれば300〜400mlあたりが持ち運びしやすくおすすめです。

スープジャーの注意点 | caution

電子レンジ加熱はNG

スープジャーの本体はステンレス製なので、電子レンジでの加熱はNG。スープを温め直したいときは耐熱容器に移して加熱しましょう。冷蔵庫にはフタを外してラップをすれば入れてOKです。

ドライアイスや炭酸飲料は入れない

スープジャー本体の内圧が上がってフタが開かなくなったり、中身が噴き出したりと、スープジャーの破損につながる可能性があるため、ドライアイスや炭酸飲料は入れないようにしましょう。

生ものや未加熱の乳製品は入れない

スープジャーの保温力では生ものに火を通すことができないため、加熱しないと食べられない肉や魚介類、未加熱の乳製品はそのまま入れず、鍋などで加熱してから入れるようにしてください。

詰めるときはやけどに注意する

熱々のスープをスープジャーに入れる際は、やけどに気をつけてください。鍋から直接移すと、こぼれたりはねたりして手をやけどしてしまう可能性も。おたまなどで少しずつ移すと安全です。

ほっこり温まる！
スープバリエーション

自分にぴったりのスープジャーを手に入れたら
おにぎりとの相性がよくて
簡単なスープのレシピをお教えします。

ふわふわ卵のやさしい味わい
卵としいたけの中華スープ

● 材料（1人分）

しいたけ	1個
卵	1個
白ごま	少々
中華スープの素（顆粒）	小さじ1と1/2
水	350ml

● 作り方

1 しいたけを切る

しいたけは薄切りにする。

2 卵の下ごしらえ

卵は溶きほぐす。

> 卵はあらかじめ溶きほぐしておくことで、鍋にまわし入れる際に慌てずに済みます。

3 煮る （中火）

鍋に水と中華スープの素を入れて中火にかけ、1を加えて煮る。

4 卵を加える

具材に火が通ったら溶き卵をまわし入れる。卵に火が通って浮き上がったら火を止めて、白ごまを加える。

ふんわり卵としいたけの旨みが楽しめる！

いんげんの食感がアクセントに！
ちくわといんげんのカレースープ

● 材料（1人分）

いんげん	2本
ちくわ	1/2本
コンソメスープの素（顆粒）	小さじ1と1/2
カレー粉	小さじ1/4
水	350ml

● 作り方

1 具材を切る
いんげんは4cm長さに切る。ちくわは輪切りにする。

2 スープベースを作る 中火
鍋に水とコンソメスープの素を入れて中火にかける。

> 温まるにつれて自然と溶けるので、コンソメスープの素は水の状態で入れてしまって構いません。

3 具材を入れる
1とカレー粉を加えて煮る。具材に火が通ったら火を止める。

カレーの香りが食欲をそそる！

具材の旨みたっぷり！
ベーコンとブロッコリーのトマトスープ

● 材料（1人分）

トマト	1/2個
ベーコン	1/2枚
ブロッコリー	小株2個
コンソメスープの素（顆粒）	小さじ1と1/2
水	350ml

● 作り方

1 具材の下ごしらえ
トマトは1cm角に切る。ベーコンは1cm幅に切る。ブロッコリーは小さくほぐす。

> 具材をすべて小さめに切ることで、加熱時間を短くできます。また、ひとロサイズで食べやすくなります。

2 煮る 中火
鍋に水とコンソメスープの素を入れて中火にかけ、1を加えて煮る。具材に火が通ったら火を止める。

赤・ピンク・緑が色鮮やか！

味噌汁を スープジャーで持っていこう

心が落ち着く味わい！

日本で昔から親しまれている「味噌汁」は、具材を煮込んで味噌を溶かし入れるだけ。スープジャーにもってこいの手軽さです。

基本の味噌汁の作り方

まずは定番のわかめととうふの味噌汁をご紹介。だしと味噌の風味でホッとする一杯です。

● 材料（1人分）

乾燥わかめ……………………… 1g
豆腐 ……………………………… 1/4丁
だし汁 …………………………… 350ml
味噌 ……………………………… 小さじ2

● 作り方

1 具材の下ごしらえ

乾燥わかめは水で戻す。豆腐は食べやすい大きさに切る。

2 豆腐を煮る 中火

鍋にだし汁を入れて中火にかけ、豆腐を加えて煮る。

3 味噌を溶かす

豆腐に火が通ったら、味噌を溶かし入れる。

> 風味が飛んでしまうので、味噌を入れたら沸騰させないようにしましょう。

4 わかめを加える

鍋にわかめを加えて混ぜ、火を止める。

ポイント

だし汁はかつお節や昆布から丁寧にとっても、だしパックや顆粒だしで手軽にとっても、お好きな方法でOKです。

具材を変えるだけで飽きがこない！

味噌汁バリエーション

野菜やきのこ、大豆製品など、どんな具材を入れても
おいしい一杯になるのが味噌汁のすごいところ。
今まで入れたことのない具材にも挑戦してみてください。

しめじと小松菜の味噌汁

● 材料

しめじ …… 10本程度
小松菜 ……… 1/2株
だし汁 ……… 350ml
味噌 ………… 小さじ2

● 作り方

1 しめじはほぐす。小松菜は食べやすい大きさに切る。
2 鍋にだし汁を入れて中火にかけ、1を加えて煮る。
3 具材に火が通ったら、味噌を溶かし入れて火を止める。

大根と油揚げの味噌汁

● 材料

大根
　… 4cm長さ輪切り1個
油揚げ ………… 1/2枚
だし汁 ………… 350ml
味噌 …………… 小さじ2

● 作り方

1 大根は細切りにする。油揚げは5mm幅に切る。
2 鍋にだし汁を入れて中火にかけ、大根を加えて煮る。
3 大根に火が通ったら油揚げを加えて少し煮る。
4 味噌を溶かし入れて火を止める。

オクラとえのきの味噌汁

● 材料

えのき ………… 1/8株
オクラ ………… 1本
だし汁 ……… 350ml
味噌 ………… 小さじ2

● 作り方

1 えのきはほぐす。オクラは小口切りにする。
2 鍋にだし汁を入れて中火にかけ、1を加えて煮る。
3 具材に火が通ったら、味噌を溶かし入れて火を止める。

たまには気分を変えて！
サンドイッチ

毎日のお弁当なら、ときには趣向を変えてみたいことも。
そんなときは、ぜひサンドイッチを作りましょう。
具材次第でボリューミーにも、軽食にもなります。

基本のサンドイッチの作り方

具材をたっぷりはさんでも大丈夫。
ラップを使った、失敗しない方法をお教えします。

● 材料（2個分）

食パン（8枚切り）……………… 2枚
スライスチーズ ………………… 1枚
ハム ……………………………… 2枚
バター …………………………… 少々

● 作り方

1 パンの下ごしらえ

まな板にパンを並べ、片面にバターを塗る。

2 具材をはさむ

片方のパンにチーズとハムをのせて、もう片方のパンのバターを塗った面を下にしてはさむ。

具材をたっぷりはさみたい場合

具材を真ん中にこんもりとのせると、たっぷりはさんでいても切りやすく、断面も美しいです。

3 ラップで包む

ラップを大きめにしき、真ん中に 2 をのせる。左右と上下のあまったラップを折りたたむ。

4 切る

3 のラップの真ん中あたりに包丁の刃先で穴を開ける。その部分を通るように半分に切る。

5 ラップをはずす

両方のラップをはずす。

> 持っていくときは別のラップに包んだり、ランチボックスに入れましょう。

パンがふわふわで断面が美しいサンドイッチの完成！

特別なおかずは必要なし！
｛サンドイッチバリエーション｝

2〜4章で紹介したおかずは
サンドイッチの具材にしても！
パンとの相性がよく、とってもおいしいです。

卵の甘みと
マヨネーズの
酸味がマッチ！

サンドイッチといえばこれ！
卵サンドイッチ

● **材料（サンドイッチ2個分）**

食パン（8枚切り）……………… 2枚
あらほぐしゆで卵マヨネーズ和え
　……………………………… 1人分
バター ………………………… 少々

● **作り方**

あらほぐしゆで卵マヨネーズ和え（P93）
を具材としてはさむ。

シンプルおいしい組み合わせ！
しょうゆ鶏サンドイッチ

ジューシーな
鶏の旨み！

● **材料（サンドイッチ2個分）**

食パン（8枚切り）……………… 2枚
しょうゆ鶏 …………………… 2切れ
サニーレタス ………………… 2枚
バター ………………………… 少々

● **作り方**

サニーレタスとしょうゆ鶏（P46）を具材
としてはさむ。

にんじんラペの
酸味が
アクセントに！

ハムの旨みとラペの相性がいい！
ハムにんじんラペサンドイッチ

● 材料（サンドイッチ２個分）

食パン（8枚切り）…………… 2枚
ハム ……………………………… 3枚
にんじんラペ …………… 1人分
バター ………………………… 少々

● 作り方

ハムは半分に切る。ハムとにんじんラペ（P88）を具材としてはさむ。

アスパラガスの食感が楽しい！
ツナアスパラサンドイッチ

● 材料（サンドイッチ２個分）

食パン（8枚切り）……………………… 2枚
レタス …………………………………… 2枚
アスパラマヨカレー風味 ………… 1人分
ツナ ……………………………… 大さじ1
マヨネーズ ……………………… 少々
バター …………………………… 少々

● 作り方

アスパラマヨカレー風味（P95）にツナとマヨネーズを加えて和えたものとレタスを具材としてはさむ。

カレーマヨが
食欲をそそる！

ウインナーが
アクセントに！

ほっこり甘みがおいしい！
かぼちゃサラダサンドイッチ

● **材料（サンドイッチ2個分）**

食パン（8枚切り）............... 2枚
ウインナー入りかぼちゃサラダ
.... 1人分
バター .... 少々

● **作り方**

ウインナー入りかぼちゃサラダ（P92）を具材としてはさむ。

ボリュームと食べ応え満点！
ハンバーグサンドイッチ

● **材料（サンドイッチ2個分）**

食パン（8枚切り）............... 2枚
ハンバーグ 1個
キャベツ 1/2枚
バター .... 少々

● **作り方**

キャベツはせん切りにする。
キャベツとハンバーグ（P142）を具材としてはさむ。

> キャベツはペーパータオルなどで水分をしっかりと拭き取ってからはさむことで、傷みにくくなります。

まるごと1個を
贅沢に！

> 厚切りの
> ハムがうれしい！

大きな口でかぶりつきたい！
ハムピカタサンドイッチ

● 材料（サンドイッチ2個分）

食パン（8枚切り）……………… 2枚
ハムピカタ …………………………… 1枚
きゅうり（薄切り）………………… 4枚
バター ………………………………… 少々

● 作り方

きゅうりとハムピカタ（P76）を具材としてはさむ。

> きゅうりの水分が残ったままはさむと、サンドイッチが傷む原因に。はさむ前に拭き取っておくと安心です。

かに風味かまぼこと小ねぎが入った
オムレツサンドイッチ

● 材料（サンドイッチ2個分）

食パン（8枚切り）……………… 2枚
オムレツ ……………………………… 1個
バター ………………………………… 少々

● 作り方

オムレツ（P110）を具材としてはさむ。

> やさしい
> 素朴な味わい！

ごろっと贅沢に！
エビマヨサンドイッチ

● **材料（サンドイッチ2個分）**

食パン（8枚切り）……………… 2枚
エビマヨ …………………… 1人分
きゅうり（薄切り）…………… 4枚
バター ……………………………… 少々

● **作り方**

きゅうりは細切りにする。きゅうりとエビマヨ（P74）を具材としてはさむ。

> ほどよい酸味ときゅうりの食感！

牛肉の旨みあふれる！
焼き肉サンドイッチ

● **材料（サンドイッチ2個分）**

食パン（8枚切り）……………… 2枚
焼き肉 ………………………… 1人分
レタス ………………………………… 2枚
バター ……………………………… 少々

● **作り方**

レタスと焼き肉（P66）を具材としてはさむ。

> レタスでさっぱりと！

レタスははさむ前にペーパータオルなどであらかじめ水分を拭き取ることで、サンドイッチを傷みにくくすることができます。

サンドイッチのQ&A

サンドイッチはパンを使用するため、
お弁当箱に詰めたときやおにぎりとは異なる部分に気をつける必要があります。

サンドイッチの保存期間は？

冷たい状態で持ち歩くなら3〜4時間程度、具材によっては冷蔵保存で1日ほど持つ場合もありますが、生野菜などをはさんだ場合は水分が出て傷むのが早いため、できるだけ早く食べましょう。

サンドイッチの具材に向かない食材は？

卵を使った具材をはさむときは完全に火を通しましょう。また、暑い季節にサンドイッチを持ち歩く場合、水分の多い生野菜は傷むのが早いため、はさむのは避けましょう。

持ち歩くときに気をつけることは？

特に気温の高い季節は、保冷バッグに入れたり保冷剤などを使用して、温度が高くならないように工夫しましょう。サンドイッチ用のランチボックスに入れると形が崩れず、見栄えもよくなります。

食パン以外のパンでサンドイッチを作るなら？

やわらかくてやさしい甘さのロールパンや、歯ごたえがあって食べ応え抜群なバゲットにはさむのもおすすめ。また、ベーグルを半分にスライスして具材をはさむと見た目も可愛いくておしゃれなランチになります。

長谷川りえ (はせがわ・りえ)

料理研究家。FOOD＆風土主宰。大手食品会社で数々の食品開発を担当後、レストラン、フランス菓子店、料理研究家のアシスタントを経て独立。現在はテレビ、雑誌、書籍など幅広い分野で活躍する傍ら、神奈川県「三浦半島はイタリア半島」プロジェクトの発案者としても活動。家族に作るお弁当を撮影した写真をSNSに投稿している。著書に『新装版　繰り返し作りたくなる！　ラク弁当レシピスペシャル』(マイナビ出版)、『ラク弁当の本』(二見書房)などがある。

HP	https://riesanpro.wixsite.com/mysite-rie
Instagram	@rierincook
Facebook	https://www.facebook.com/profile.php?id=100009158068041
(株)FOOD&風土	https://www.food-fuud.com

STAFF

編集協力	森本順子、三好里奈(G.B.)
表紙デザイン	渡邉民人(タイプフェイス)
デザイン	酒井由加里、村上森花(Q.design)
撮影	佐藤貴佳
スタイリング	栗田美香
イラスト	玉田紀子
撮影協力	UTUWA(☎03-6447-0070)
協力	株式会社 白子(通称:白子のり)
	HP　https://www.shirako-nori.co.jp/
	Instagram　https://www.instagram.com/shirakonori_official/
	サーモス株式会社
	HP　https://www.thermos.jp/
企画・編集	尾形和華(成美堂出版編集部)

毎日作りたくなる、やさしいレシピ 基本のお弁当

著　者　長谷川りえ
発行者　深見公子
発行所　成美堂出版
　　　　〒162-8445　東京都新宿区新小川町1-7
　　　　電話(03)5206-8151　FAX(03)5206-8159
印　刷　大日本印刷株式会社

©SEIBIDO SHUPPAN 2025　PRINTED IN JAPAN
ISBN978-4-415-33538-4

落丁・乱丁などの不良本はお取り替えします
定価はカバーに表示してあります

・本書および本書の付属物を無断で複写、複製(コピー)、引用することは著作権法上での例外を除き禁じられています。また代行業者等の第三者に依頼してスキャンやデジタル化することは、たとえ個人や家庭内の利用であっても一切認められておりません。